아들에게 보내는
편지

권영하 지음

SUN

서문

우리 가족은 다섯이다. 부부와 아들 셋. 첫째가 태어난 85년부터 우리는 항상 함께 지냈다. 가족이란 함께 부대끼며 서로 공감하고 이해해 가는 것이라고 믿고 있는 나로서는 아이들을 멀리 떼어 놓는다는 생각을 해본 적이 없었다.

2001년 미국에서 연구교수를 마치고 귀국할 때, 나의 유학 중에 태어나 미국 시민권이 있는 두 아들의 학업을 위해 욕심이 생겼다. 고민 끝에 첫째와 둘째를 미국에 남겨두고 왔다. 첫째가 열여섯, 둘째가 열다섯 살 때였다. 아이들의 장래를 생각하고 내린 결정이었다. 그때부터 가족이 멀리 떨어져 살게 되었다. 아빠인 나는 갈수록 불안한 마음이 커졌다. 사춘기를 막 벗어난 아이들이었지만, 아직은 부모의 손길이 필요한 때였다. 가족의 소중함과 끈끈한 정은 함께 살면서 배우는 것인데 그 시기를 놓쳐버리는 건 아닌가 싶어 초조한 마음도 들었다. 그러다 4년 후 막내마저 미국으로 떠났다. 아이들 학교가 다 다른 지역에 있어 서로 쉽게 만날 수조차 없었다. 형제간에 소원해지면 어쩌나 하는 걱정도 되었다. 그런 고민 속에서 나의 자구책이 편지쓰기였다.

그 당시엔 이메일이 보편화되었지만 나는 세 아들에게 각각 편지를 써서 거의 매주 우편으로 발송했다. 아이들을 곁에서 보살피지 못하는 안타까운 마음을 내 나름대로 그리 표현했던 것이다. 아이들이 유학 생활을 마칠 때까지 편지쓰기를 멈추지 않았다. 그 기간이 10년 정도 되었다.

지금은 아이들이 모두 성장해 가정을 이뤘다. 어느 날, 결혼한 아들 집 정리를 하다가 모아둔 편지 뭉치를 발견했다. 꽤 두툼했다. 한 장, 한 장 다시 읽다 보니 아이들을 키우며 고민했던 젊은 날의 나와 유학 생활을 잘 버텨 준 어린 아들들 모습이 어제 일인 듯 떠오른다.

이 책은 아이들에게 보낸 편지 중 69편을 골라 싣고, 부록으로 세 아들이 보내온 편지와 아들에게 전하고 싶은 삶의 지혜를 담았다. 아이를 키운 아빠의 진솔한 기록으로 보아주길 기대하는 마음으로 책을 펴낸다. 현재 자녀를 키우는 부모들, 특히 유학을 보내놓고 노심초사하는 부모들과 유학 중인 아이들에게 조금이라도 위안이 되고, 도움이 되었으면 하는 바람이다.

책이 만들어지기까지 물심양면으로 도와주신 분들과 사랑하는 가족에게 깊은 감사를 전한다. 결혼 70주년을 맞이하고 얼마 전에 돌아가신, 가족을 진정으로 사랑하셨던 부모님께 이 책을 바친다.

2024년 5월 초에
권영하

목차

서문 2

1부　큰 것으로 채우는 인생 9
　　　4월의 마지막 날에 11
　　　어버이날 잊은 아들에게 13
　　　스승의 날 아침에 15
　　　어리숙한 현자가 되어라 17
　　　천고마비天高馬肥 20
　　　Hi, 장남! 22
　　　성년의 날을 맞으며 24
　　　내일은 아빠 생일 26
　　　학사 경고 받은 첫째 28
　　　무사히 귀국해서 30
　　　시차 극복을 마치고 34
　　　미셸 위의 실격을 보면서 36

2부　둘째에게 전하고 싶은 말 41
　　　나의 콤플렉스 43
　　　아빠의 첫 주례 46
　　　수능시험 49
　　　유종有終의 미美 52
　　　과학의 세계와 과학자 54
　　　Welcome to Sweet Home 58
　　　한국인의 '정' 60
　　　'아이다Aida' 공연과 청담 순두부 62
　　　까치 까치 설날 64
　　　가수 비의 뉴욕 공연 66
　　　'큰 그릇'을 기대하며 71
　　　봄 74
　　　마음 78

3부

야생의 들판을 달려갈 아들에게 83
쓴맛을 봐야 단맛의 귀중함을 안다 86
아빠는 팔불출 88
우보천리 牛步千里 92
함께 즐기던 드라마 95
아름답게 핀 부레옥잠 97
바다 이야기 99
눈을 크게 떠라. Think Big! 102
대학 입시 면접을 마치고 105
달 따러 가자! 107
골프 여행을 다녀와서 109
스무 번째 생일을 진심으로 축하한다 111
인재 확보 전쟁 113
외유내강 外柔內剛 117

4부

가다가 중지하면 아니 감만 못하다 121
아들들이 모두 떠났네 123
경제를 알면 돈이 보인다 125
올 'A' 받으면 자동차 사줄게! 128
태국 골프 여행을 마치고 131
추억의 덕산온천 여행 134
아빠가 발목을 삐었네 137
표절 – 문근영 노래, 조덕배 노래와 닮았다? 140
공연 '토요일 밤의 열기' 143
아들들과 즐거운 일주일을 보내고 146
우리 민족의 힘 – '배움'과 '빠름' 153
막내의 캐리커처 앞에서 156
고향의 봄 159

5부   새로운 희망 165
입춘대길立春大吉 167
존스홉킨스대학 캠퍼스를 다녀와서 169
엄마가 '홀인원' 하다 172
선물 174
봄의 끝자락에서 176
카네이션을 받고 179
누가 내 치즈를 옮겼을까 180
예술성을 지닌 첫째에게 182
문화 예술은 삶의 쉼터 184
버락 오바마의 자서전을 읽고 186
'오징어집' 과자 봉지를 보며 190
다이놀핀이라는 호르몬 191
이동의 역사 193
보리차를 끓이며 196

부록 199
첫째의 편지 200
둘째의 편지 202
막내의 편지 204
아들아! 인생의 지혜를 배워라 206

1부

누구에게나 시간은 공평하게 주어지지만,
그것을 사용하는 사람에 따라 삶은 여러 모습으로 나뉜다.

큰 것으로 채우는 인생

2004년 4월 19일

그냥 보고 싶어 한 자 적어 본다.
신중하게 생각하며 읽어 보기 바란다.

한 선생님께서 학생들 앞에서 그릇에 골프공을 가득 넣고서 물었습니다.
"이 그릇이 가득 찼다고 생각하느냐?"
모두 대답했습니다.
"네~."
다시 선생님께서 골프공이 가득한 그릇에 모래를 붓기 시작했습니다. 모래가 또 한없이 들어갔습니다. 다시 학생들에게 물었습니다.
"이 그릇이 가득 찼다고 생각하느냐?"
모두 "네"라고 대답했습니다.
선생님께서 다시 주전자의 물을 붓기 시작했습니다. 또 물이 많이 들어갔습니다. 다시 학생들에게 물었습니다.
"여기에 물이 더 들어가는구나."

세 가지 경우가 모두 가득 채워지는 것을 의미한다. 너의 인생 전체를 큰 그릇이라고 가정한다면 너는 무엇으로 네 그릇을 채우겠느냐? 골프공으로 채우고 나면 다른 작은 것은 얼마든지 더 넣을 수 있지만, 만약에 모래로 채운다면 골프공과 같이 큰 것은 들어갈 자리를 잃는 것이다. 또 모래로 하나하나 채우려면 무척 어렵고 힘들 것이다. 골프공과 같이 큰 것으로 인생을 채워 간다면 한층 보람차게 인생을 더 멋지게 살 수도 있다. 작은 것은 쉽게 그사이에 채워 넣을 수 있겠지.

비유가 어찌 보면 우스울지도 몰라. 하고 싶은 말은 인생을 보람된 큰 것으로 채워 가기를 바라는 것이다. 모래와 같이 사소한 일은 일단 잊고 큰 목표를 향해 차곡차곡 전진해 주기 바란다.

아들아 보고 싶구나.

힘들 때는 눈을 감고 조용히 명상을 해보아라. 그러면 너 자신을 재충전할 수 있게 되고 마음도 안정될 것이다. 늦었다고 생각할 때가 가장 빠른 시작이다. SAT를 앞두고, 성적을 잘 받기 위해 애쓰는 너의 모습을 생각하면 안타깝구나. 그냥 마음을 조용하게 안정시키고 최선을 다하면 된다.

건강하게 잘 이겨나가자. 네 뒤에는 너를 사랑하는 가족이 있단다.

아들, 사랑해!

4월의 마지막 날에

2004년 4월 30일

확실히 봄이 왔구나. 꽃들이 산과 들에 만발했단다. 벚꽃, 개나리, 진달래 등은 이미 다 지고, 철쭉이 한창이며 5월의 여왕인 장미가 피어날 준비를 하고 있다. 너희들이 있는 곳에도 봄이 왔겠지. 싱그러운 바람과 초록이 너희들을 감싸고 있겠구나. 우리 집 정원도 쓸쓸하던 겨울을 이기고 여러 가지 꽃들이 만발하기 시작했단다. 며칠 전에 내린 비로 대나무에는 새순이 빼꼼히 고개를 내밀고 있지. 우후죽순雨後竹筍, 비 온 뒤 여기저기 솟는 죽순이란 말이 생각나는구나.

급할수록 쉬어가야 하는 법이다. 할 일도 많고, 시험이다 뭐다 스트레스도 많겠지만, 그럴수록 하늘도 올려다보고 자연도 느끼는 여유가 필요해. 바람 지나는 나무 밑에서 책도 읽고, 책 읽다 잠들기도 하는 그런 시간을 가져 보길 바래. 세상 모든 일은 긴장과 이완을 반복하며 앞으로 나아가는 거란다. 긴장의 순간은 바짝 집중하고, 이완의 순간에는 최선의 휴식을 해야 한다. 달리기만 하다가는 곧 지쳐 포기할 수가 있거든.

얼마 전 할아버지 건강이 좋지 않아서 무척 걱정했으나, 다행히 대장에 염증만 있는 것으로 판명되었단다. 그 후로 그렇게 즐겨 드시던 맥주도 거의 안 드시네. 병환이 할아버지의 즐거움 하나를 앗아간 듯해서 안타까운 마음이다. 엄마 아빠도 얼마 전 종합검진을 받았다. 큰 병이 없다고 하여 얼마나 다행인지 모르겠구나. 우리 모두 건강한 삶을 가져야 할 텐데…. 건강한 정신세계에서 건강한 몸이 나온단다.

  셋째는 5월 3일부터 시험이라서 매일 밤늦도록 공부하느라 무척 바쁜가 보다. 이번에는 9학년이라 잘 본다고 큰소리치고 있단다. 두고 봐야겠지? 근데 심각한 표정으로 공부하는 모습을 보니 기대가 좀 되는구나. 그 녀석은 투지가 있으니 믿어 보자.

  아빠가 그냥 너희들이 보고 싶고, 이야기하고 싶어 이것저것 적어 보낸다. 미국에서 열심히 공부하며 자기들 인생을 만들어가는 아들을 생각하면 어떤 때는 눈물이 나도록 안쓰럽고, 보고 싶고, 때로는 절로 웃음이 나오기도 한다. 허튼 생각 하지 않고 자기 일에 매진하는 내 아들, 기특하고 자랑스럽다.

  세상에 나온 지 20년쯤 된 너희들이다. 앞으로 60년을 계획하며 인생을 가꾸어 나가길 진심으로 기도해. 멀리 있지만, 너희들은 항상 아빠 마음속에 들어 있단다.

어버이날 잊은 아들에게

2004년 5월 어버이날 다음 날 아침에

몇 시간 전에 전화로 서로 안부를 물었건만 벌써 보고 싶어지는구나. 엊저녁부터 내리는 이슬비가 이틀째 그치지 않고 있다. 정원에 있는 식물들이 초여름 단비에 싱그러운 초록으로 변해가는구나. 흠뻑 물을 빨아올린 대나무 순은 정말이지 쭉쭉 잘 자라고 있다. 너희들 아기 때 모습을 보는 기분이야. 물오른 대나무처럼 아들 셋 모두 건강히 잘 자라주었으니, 아빠가 과분한 복을 받았구나. 고맙다.

어제는 어버이날이었다. 근데 은근히 화가 났단다. 아들이 셋 있건만 다정한 전화 한 통이 없고, 막내도 카네이션조차 준비하지 않았더구나. 오히려 초등학교 때 학교에서 만들어온 종이 카네이션이 생각났단다. 우리 서로 아끼고 사랑하는 마음을 표현하며 살아갔으면 좋겠다는 생각이 든다.

그곳 생활은 어떠니? SAT 끝나고 다소 여유로운 마음으로 생활하고 있으리라 생각이 든다. 이제 11학년도 한 달밖에 안 남았네. 유종有終의 미美의 의미를 알고 있겠지?

막내는 금요일에 중간고사 끝났다고 친구들과 함께 쇼핑하러 갔다 왔단다. 요새 유행하는 까만색 줄무늬 바지와 운동복을 사고, 선글라스도 쓰고 들어오지 않았겠니? 웃기는 녀석이지. 자기만의 개성을 만드는 자세는 바람직하지만, 한편 돈을 마구 쓰는 게 아닌가 하는 걱정도 해본다. 시험은 음악만 빼고 90점 이상으로 평균 94쯤 된다고 하더라 11과목 A, 한 과목 B. 하여튼 투지를 갖고 열심히 생활하는 모습이 보기 좋구나.

  아빠가 학회 참석으로 LA에 갈 예정이다. 6월 2일, JFK공항에 도착하여 첫째와 잠깐 보내고, 목요일 오전에 선생님들 만나 감사 인사를 드리고 첫째의 대학 진학에 관해 이야기 나눌 생각이다. 첫째는 6월 4일 시험이 끝나고 저녁에 한국으로 출발할 예정이다. 금요일 오후에는 둘째 고등학교에 가서 선생님들을 뵐 생각이야. 둘째는 6월 10일에 방학 시작이구나. 아빠는 일요일 새벽에 LA로 출발하여 학회 참석 후 6월 13일에 서울로 돌아올 예정이다. 그땐 너희들이 집에 와 있겠지.

  누구에게나 시간은 공평하게 주어지지만, 그것을 사용하는 사람에 따라 삶은 여러 가지 모습으로 나뉜단다. 바르게 성장해서 사회의 일원으로 제 몫을 다하는 사람이 되어라. 어린 나이에 유학이 쉽지 않은 일임을 아빠가 잘 안다. 그럼에도 내 아들, 유종의 미를 거두기 바란다.

  항상 보고 싶고 사랑한다.

스승의 날 아침에
2004년 5월 15일

토요일 아침. 막내가 8시가 넘었건만 아직 일어나지 않고 있어 물으니 오늘이 스승의 날이라 학교가 쉰다고 하는구나. 얘길 듣고 보니 아빠를 키워주신 스승님의 모습이 주마등처럼 지나가네. 지금은 모습도 이름도 기억나지 않지만, 나의 성장에 영향을 주신 분들이 많았구나. 어떤 분은 좋은 말씀과 행동으로, 어떤 분은 좋지 않은 인상을 남기기도 했어. 나 역시 선생으로 학생들에게 직·간접으로 영향을 미친다고 생각하니 긴장이 좀 된다.

오늘 저녁에는 대학원 학생들이 교수님들을 초대하는 자리에 아빠도 초대되어 함께 식사하고 왔다. 교수로서 보람을 느낀 자리였다. 존경받는 스승, 그리 쉬운 일이 아니라 반성하는 자리이기도 했단다. 아빠는 아빠 나름대로 좋은 선생이 되려고 노력하고 있다. 아빠는 새로운 것을 추구하고 호기심 많은 학생들을 도우려고 해. 학생들이 그것을 알아줄지는 모르겠구나. 너희에게도 정말 존경받는 부모상을 보이고 싶은데 아빠가 잘하고 있는 걸까?

너희 맘에 안 드는 선생님도 있을 수 있고, 무뚝뚝한 선생님도 있을 수 있지만, 항상 존경심을 갖고 선생님을 대하도록 해라. 배우려고 쫓아다니는 학생을 밀어낼 선생은 세상에 없단다.

   내가 중학교 때, 그러니 14살쯤 되었겠지. 키가 조그마하신 국어 선생님이 하신 말씀이 생각난다. "현명한 사람은 의심받을 짓을 하지 않는다." 아주 간단한 말이지만 항상 아빠 가슴속에는 이 말이 경구처럼 살아 있다. 이 말은 지금도 아빠를 바르게 살도록 이끄는 힘이 있어.

   요사이 어떻게 지내고 있니? 얼마 남지 않은 11학년, 마무리 잘하기를 진심으로 바란다. 마무리가 안 되면 지금까지 수고한 것들이 의미가 없단다. 남은 2주 최선을 다하자. 골프에서도 마지막 그린에 올라와서 퍼팅을 잘못하여 점수를 잃는 경우가 많지. 골프황제 타이거 우즈가 한 말이 생각나는구나. "잘될 때 긴장하라." 무슨 의미인지 잘 이해하리라 믿는다.

   막내는 좋은 영어 선생님을 만나 이제는 영어를 영어로 배우고 있다. 이제는 영어로 에세이도 제법 쓰는 것 같더라. 막내야, 영어 선생님과의 관계도 소중히 하기 바란다. 너를 도우려는 분이다.

   뉴스위크 기사에 의하면, 공부 잘하는 우리나라 학생이 미국 대학에 들어가 중도 탈락하는 이유가 영작과 토론 수업을 못 따라가서라고 하더라. 우리 아들들은 잘 해내리라 믿는다.

   잘 지내거라.

어리숙한 현자가 되어라
2004년 8월

오늘은 평소에 생각하던 것을 말해 보려 한다.

협상에 대한 강의에는 반드시 직접 협상하도록 하는 과정이 있다. 이론만으로 협상을 잘할 수 없기 때문이다. 협상 결과를 분석해 보면 의외로 어리숙해 보이는 사람이 멋진 협상을 하는 것을 종종 발견할 수 있다. 왜 그럴까.

심리학에서는 다음과 같이 말한다. 사람들은 경쟁자를 만날 때는 잔뜩 긴장하지만, 자기보다 못하다고 생각되는 사람을 만나는 경우에는 본능적으로 그 사람을 도와주려고 한다고. 그러니 쓸데없이 상대방을 긴장시키지 않는 것이 좋겠다.

어수룩한 것이 재빠른 것보다 낫고, 다소 흐릿한 것이 뚜렷한 것보다 미덕인 경우가 있단다. 어리숙하게 보이면 상대는 무의식적으로 우월감을 느끼게 된다. 그 우월감은 자연스럽게 상대방으로 하여금 무엇인가 '베풀어야 한다'는 보이지 않는 의무감을 느끼게 한다는 거다. 쉽게 말해 어리숙함은 상대방의 무장을 해제하여 그의 자발적인 양보를 이끌어낸다는 것이다.

그래서 협상에서는 내용과 함께 내용을 전달하는 스타일도 중요하다. 협상에서 중요한 것은 상대방의 협상에 대한 '기대'를 바꾸는 것이다. 그런 기대를 자기에게 유리하게 바꾸기 위해서는 협상과 관련된 내용을 전달하고 표현하는 '스타일'에 깊은 관심을 가져야 한다. 상대방을 배려하고 조심스럽게 접근하라는 말은 이런 맥락에서 설명할 수 있다. '찔러도 피 한 방울 안 나올 사람'이라는 이미지보다는 어리숙한 이미지가 낫다는 것도 같은 의미이다.

세계적인 협상가 허브 코헨은 《You can negotiate anything》이라는 책에서 정치인, 경영인, 영업사원 등 설득에 능한 사람들의 특징을 다음과 같이 요약한다.

1. 상대가 선택하기 쉽도록 복잡한 개념을 쉬운 말로 풀어 설명한다.
2. 미래에 대한 낙관적인 생각을 가지고 있다.
3. 이웃집 아저씨나 아가씨 같은 평범한 사람의 이미지를 가지고 있다.
4. 다정다감하고 겸손하며 가식이 없다.
5. 자신을 낮출 줄 아는 유머 감각이 있고 인간미가 넘친다.

이런 특징들은 우리가 일반적으로 생각하는 훌륭한 협상가의 이미지와 거리가 있을 수 있지만, 협상의 진정한 목표는 양측이 서로 만족하는 것이라는 점을 고려할 때 이런 태도들이 시사하는 바는 매우 크다.

협상에서 스타일이 중요한 또 다른 이유는 상대방의 협상 스타일이 결과에 대한 관점을 바꿀 수 있기 때문이다. 주어진 파이를 나누기만 하는 협상에서는 어느 한쪽이 손해를 보거나 불이익을 당하는 현상이 일어나기 마련이다. 하지만, 훌륭한 협상가라면 제로섬 게임에서 협상의 당사자들이 서로 만족할 수 있는 조건들을 도출해 낼 수 있어야 한다. 제로섬 게임을 서로가 만족하는 게임으로 바꾸는 것, 혹은 대부분의 협상을 서로가 만족하는 방향으로 진행하는 것, 그것이 진정한 협상가의 능력이다.

협상을 끝내는 시점에서 어느 한쪽이 불만족스럽거나 '당했다'라는 느낌이 든다면 그 협상은 무엇인가 잘못된 것이라 할 수 있다. 그런 느낌이 들지 않도록 하는 것, 혹은 불만족스러운 협상의 결과를 완화하는 것. 그것이 바로 협상에서 스타일이 감당해야 할 몫이다.

살아가면서 협상해야 하는 상황에 놓일 때가 매우 많단다. 매사에 지혜로운 선택을 하는 어리숙한 현자가 되길 바라는 마음으로 편지를 보낸다.

천고마비 天高馬肥
2005년 10월 27일

하늘은 높고 말은 살찌는 계절. 이제 2005년도 두 달 남짓 남았구나. 한국은 이제 아침저녁으로 기온이 많이 내려 완연한 가을이다. 집 앞 가로수와 테니스장 길 은행나무에 단풍이 들었어. 이 진노랑이 가을 색인가 보다. 학교 교정을 걸어가며 쳐다본 하늘이 유독 푸르고 높게 느껴졌단다. 구름은 새털처럼 부드럽게 흘러가고 있더라.

계절의 변화는 지구가 기울어진 상태로 태양을 중심으로 공전하며 생기는 현상으로 우리의 생활 습관과 문화에 영향을 미치는 요소가 되기도 한다. 북반구 위도latitude 38도 부근에 있는 우리나라는 대개 10월과 11월 초까지 가을이 번성한다.

가을은 식물이나 동물이 모두 다가올 겨울을 준비하고 대비하는 기간이다. 식물은 필요 없는 잎을 모두 떨어 버리고 영양분을 과일에 저장하여 다음해 봄을 기다린단다. 동물들도 먹이가 부족한 겨울을 견디기 위해 탄수화물과 단백질을 충분히 섭취하느라 살이 찌는 계절이다.

가을은 날씨가 맑고 건조한 대륙성 고기압의 공기 때문에 푸른 하늘과 함께 상쾌한 바람이 부는 계절이지. 아빠 어렸을 때는 가을을 독서의 계절이라 불렀다. 덥지도 춥지도 않은 알맞은 기온이므로 쉬기도 좋고, 또 책을 읽으며 마음의 양식을 쌓기에 좋다는 뜻이겠지. 아들, 책 많이 읽으며 겨울로 가자.

일주일 전 수업시간을 30분 줄여주며 학생들에게 밖에 나가 청명한 가을 하늘을 오감시각, 청각, 후각, 촉각, 미각으로 느끼고 다른 하나의 감각, 육감6th sense을 사용해 감상문을 써내라고 했다. 물론 멋진 글을 쓴 학생, 단지 몇 줄만을 쓴 학생, 가을에 관한 시를 써서 낸 학생 등 다양했다. 글은 제각각이었지만, 매일 바쁘게 생활하다가 잠시나마 여유를 갖고 계절의 변화를 느끼게 해주어 고맙다는 표현들이 많았단다.

너희들이 사는 미국도 가을이 한창이겠구나. 울창한 나무와 오색 단풍이 어우러진 아름다운 캠퍼스를 마음껏 누리렴. 사색하기 좋은 계절, 가을을 그냥 흘려보내지 말기 바란다. 여유와 사색이 없는 인생은 마른 나뭇가지와 같단다.

건강하게 잘 지내자. 안녕.

Hi, 장남!
2005년 4월 10일(첫째의 20회 생일에)

생일 축하한다. 항상 건강하게 잘 지내거라.

네가 태어날 때가 눈에 선하다. 그때 할머니, 외할아버지, 외할머니께서 너의 탄생을 맞이하러 미국에 오셨었지. 모두 기뻐서 어쩔 줄 몰랐단다. 그런데 벌써 20년이 흘렀구나. 잘 성장하여 이제는 성인이 된 너의 모습을 무척 자랑스럽게 생각한다.

아빠의 기대가 네게 부담을 주고 있는 건 아닌지 걱정할 때가 많은데 우리 장남 잘해 주고 있어 고맙다. 동생들도 잘되어야 하지만, 아빠 맘은 항상 네가 먼저 잘되어야 한다는 생각으로 가득 차 있기 때문이야.

이제는 자기 인생을 책임지며 독립해 가는 모습이 대견하기도 하고, 한편 아빠의 자리가 작아지는 기분이 들기도 해. 뭐랄까, 네게 더 이상 해줄 게 없는 것 같단 말이지.

사랑하는 첫째야, 네가 초등학교 4학년 때인가? 네 담임 선생님께서 너는 그릇이 매우 크니 꼭 성공할 거라고 하신 말씀이 생각나는구나.

자신의 미래를 차곡차곡 준비해 가는 믿음직한 형, 첫째야. 항상 건강하고 큰 뜻을 이루기 바란다. 그런 형을 동생들도 뒤따르리라 믿는다.

성년의 날을 맞으며

2005년 5월 16일

한국에서는 오늘 5월 세 번째 월요일이 성년의 날이다. 성년이 되는 첫째를 생각하며 몇 자 적는다.

만 20세란 청소년을 벗어나 정신적, 육체적으로 성장을 다 한 것으로 보는 나이다. 어른으로의 첫발인 셈이기도 하지. 그만큼 책임감이 커지는 나이기도 하다. 성인이 되는 첫째가 기억했으면 싶은 몇 가지를 얘기한다. 성인으로 살아가면서 마음속에 간직해도 좋을 말을 적어보겠다.

어려운 일 있을 때는 항상 가까운 사람에게 도움을 청해라.

살다 보면 어려운 일에 처할 때가 무척 많단다. 많은 경우 자존심만 내세워 혼자 해결하려 하지. 그러면 잘 풀릴 때도 있지만, 대부분의 경우 더욱 어려움에 처하게 된단다. 혼자 고민하기보다 주변에 지인을 찾아 조언을 듣는 것이 훨씬 바람직하다. 지인을 선택할 때 가장 중요한 사항은 지혜로우며 너를 가장 잘 이해하며 아끼는 사람이어야 한단다.

이제는 사랑할 때다.

사랑은 서로 즐거움을 주는 것이지, 순간적인 자극을 위한 것이 아니란다. 그리고 배우자는 옆에 없으면 죽도록 보고 싶은 사람을 선택해야 한다. 어느 분이 "배우자는 쌀밥과 같이 항상 가까이해야 할 사람이라야 평생을 함께할 수 있다"라고 하더구나. 라면이나 피자처럼 일시적인 즐거움을 주는 음식은 우리의 건강에 도움이 되지 않는 것과 같단다.

오늘은 이 두 가지만 이야기할게. 이제 세계를 무대로 멋진 미래를 가꾸어 나갈 첫째를 상상한다. 부담 느끼지 말고. 꿈도 못 꾸냐? 근데 꿈이 있고, 말을 하고 나면 그리로 인생이 흘러가더라.

내일은 아빠 생일

2005년 9월 6일 저녁 10시 30분경

내일이 아빠 생일이다.

막내까지 떠난 지 겨우 일주일 지났건만 너희를 본 지 오래된 느낌이다. 집안이 텅 비어 몹시 쓸쓸하다. 엄마는 쓸쓸함을 달래려고 태연한 척하지만, 너희를 그리워하는 마음이 아빠보다 더하지 않을까 생각한다. 오늘 저녁에는 아빠 생일에 맞추어 할머니, 할아버지를 모시고 외식했단다. 할아버지 할머니도 너희 얘기만 하셨다. 보고 싶으신 게지. 오늘은 생명체가 어떻게 힘난한 환경에서 살아남을 수 있는지 얘기하고 싶다.

지구의 역사를 약 45억 년으로 잡을 때, 생명체는 약 10억 년 전부터 생겨나기 시작해 현재는 170만 종의 생물체가 존재한단다. 그런 지구를 불과 수만 년 전부터 진화한 인간이 지배하고 있다. 인류가 진화하는 동안에도 빙하기를 비롯하여 다양한 자연의 변화가 있었다. 그런데도 인류는 현재까지 지구 전체에 퍼져 살아가고 있다. 인류는 어떻게 생존할 수 있었을까? 여러 가지 이론이 있지만, 내 나름대로 집약해 보면 인간의 뛰어난 적응력인 것 같다.

즉 '강한 자보다는 적응력이 뛰어난 자가 생존한다'라는 것이지. 현재도 생존과 도태는 계속되고 있으며, 너희도 그 가운데 있다고 생각한다. 어려움 앞에서 포기하며 좌절하기보다는 잘 적응하는 자세가 필요하다. 요새 카트리나 태풍 피해에 미국이 어려움을 겪고 있지? 바람에 적응하지 못한 나무는 뽑혀 날아가고 쓰러지는 수모를 겪었지만, 대나무는 살아남았구나. 대나무가 적응을 잘한 것이라고 본다.

50회 생일을 맞아 아빠가 조금 상념에 빠진 거 같다. 너희와 모여 앉아 시시껄렁한 얘기라도 나누고 싶었던 마음에 몇 자 적었다. 의연하게 자신감과 자존심 잃지 말고 잘 적응하여 꿈을 이루기 바란다.

내일 아빠 생일을 까먹고 있는 듯한데, 이 편지를 볼 때는 이미 알고 있겠지.

안녕.

학사 경고 받은 첫째

2005년 9월 15일

아침에 엄마와 통화하는 목소리를 들으니 무척 씩씩하게 잘 지내고 있는 거 같아 마음이 놓인다. 어제는 필요 없어 보이는, 쌓여 있던 묵은 편지와 서류들을 정리했다. 어떤 것들은 펼쳐서 읽어보기도 했지. 많은 것이 청구서였지만, 너희 고등학교에서 온 편지들도 상당히 많더구나. 너에게는 아픔일 테지만 느낀 점을 몇 자 적어 보낸다.

첫째의 학교에서 온 편지를 차례로 읽었다. 2001년 9월에 10학년으로 입학했을 때는 열심히 공부하고 적응하려고 애썼던 것으로 보인다. 그러나 2002년 4월에 수업에 많이 빠져서 경고를 받았었네. 다행히 그런대로 그해는 잘 마친 것으로 판단된다. 새로운 각오로 11학년에는 성적이 무척 좋아졌어. 평균이 90점 가까이 되더라. 그러다 2002년 12월에 다시 한번 경고를 받았고, 2003년 2월에는 학교에서 심각한 편지가 와 있더라.

생각하기도 싫은 이야기를 꺼내서 미안한 마음이 들지만, 한편 네가 그 당시에 얼마나 힘들었을까 생각하니 마음이 찡했단다. 큰애는 영어를 꽤 잘했지만, 역사와 영어 과목에서는 현지 학생들을 따라가기 버거워했다. 그 스트레스를 큰애는 혼자 고스란히 감당해냈다 네가 방황하고 힘들어할 때 아빠가 멀리 떨어져 있어 도와주지 못했다는 생각에 매우 안타까웠다. 그때 생각만 하면 늘 미안한 마음이 든다. 한편 그토록 힘들어하면서도 왜 엄마 아빠와 상의하지 않았는지 아쉬움도 컸단다.

  앞으로는 고민되거나 어려운 일 있을 때 상의해다오. 함께 얘기하다 보면 좋은 방법이 나올 수도 있거든. 그런데도 포기하지 않고 이겨낸 아들이 참으로 든든하다. 멋진 모습의 너를 자랑스럽게 생각한다.

무사히 귀국해서

2005년 10월 10일 새벽

　공항에 도착해 할아버지, 할머니, 외할머니 배웅해 드리고 막 집에 들어와 샤워를 마친 후, 지난 열흘을 생각하며 몇 자 적는다. 가족 모두에게 긴 여정이었다. 집에서 출발할 때는 새로운 세계에 잘 적응하며 지내고 있을 아들들 만난다는 기쁨에 마음이 좀 들떠 있었다. 한편, 어른들 모시고 하는 장거리 여행이라 걱정과 부담이 있기도 했다. 이제 집에 들어오니 긴장이 풀리면서 피로가 몰려온다만 마음은 여전히 무언가 기쁨이 가득 찬 느낌이구나.

　학교 시작할 때 함께 가서 캠퍼스 분위기도 느끼고 너희에게 필요한 것들을 챙겨 주면 좋았을 텐데 그러지 못해 아쉬웠다. 이번 여행은 그런 미안함을 조금은 달랠 기회가 되었던 거 같아 아빠 마음이 흡족하다. 무엇보다도 우리 가족 한 사람 한 사람, 자신의 미래를 향한 뚜렷한 방향과 희망을 갖고 있다는 사실을 확인할 수 있어서 믿음직했다.

　첫째의 적극적이고 의욕에 찬 모습 보니 아빠도 기운이 나더라. 학사 경고를 받고 의기소침해 있던 첫째가 다시 자신감을 회복했다 얼마 전 신문에 게

재된 내용이 생각나는구나. 삼성이 최근 10년 사이에 세계적인 기업으로 거듭나며 소니를 앞질렀다는구나. 기사는 삼성의 질주를 이렇게 분석하고 있다. 첫째 위기감, 항상 긴장하고 앞을 대비하는 자세, 둘째 자신감, 할 수 있다는 자신의 능력에 대한 믿음. 셋째는 일등주의, 최고만이 살아남는다는 기업환경을 이해하고 밀어붙이는 추진력이 그것이다.

둘째도 한동안 큰 열병둘째도 영어 스트레스로 병까지 얻었었다을 앓고 난 후 한결 성숙해진 모습이었다. 혼자서 생활을 꾸려가는 모습도 감동이었다. 아빠가 처음 미국에 갔을 때 공대 대학원 과목을 듣던 때가 생각났다. 말하기도, 잘 알아듣지도 못하지만 매일 꾸준하게 계속하다 보면 이치를 터득하게 되더라. 지금처럼 매일 조금씩이라도 벽돌을 쌓는 마음으로 차근차근 계속하면 네가 원하는 결과 이상을 얻을 수 있을 것으로 믿는다. 친구들과도 즐겁게 지내기를 바란다.

막내! 잘하고 있더라. 적응력이 워낙 뛰어나 환경 변화에도 어려움 없이 학업이나 학교 생활에 만족하는 모습을 보았다. 항상 선생님을 존경하는 마음으로 대해주기 바란다. 아빠도 선생님이거든. 네가 선생님을 싫어하면 상대도 마찬가지로 느끼게 되지. 그리고 시험 전에 지나치게 긴장하지 말고 수업에 충실하기 바란다. 네가 좋아하는 축구도 최고로 잘해라. 알았지!

인생은 성적순이 아니라지만, 모든 건 때가 있는 법이다. 중고등학교 시기를 소홀히 보낸 후 나중에 후회하는 사람이 의외로 많단다. 공부할 수 있을 때 이왕이면 열심히 하거라. 대학 진학을 위해서도 아직은 가장 많은 비중을 차지하는 게 학업 성적이다. 힘들고 지루하더라도 꿈을 이루기 위해서 넘어야 할 산이구나.

  무엇을 하든 최고가 되려고 노력하다 보면 어느 순간 그곳에 도달해 있는 자신을 발견하는 때가 온단다. 너희들도 대학이나 고등학교 입학 준비 과정을 경험하며 느꼈을 것이다. 성장할수록^{위로 올라갈수록} 좋은 자리는 한정되어 있으니 어떤 식으로든 평가를 받게 되고, 평가에 따라 계속 걸러진다. 예외는 많지 않단다.

  비행기에서 본 영화 이야기다. 1930년대 미국이 대공황으로 실업자가 2,000만 명에 달하고, 뉴욕의 거리는 온통 거지와 노동자로 가득했을 때, 전기와 수도가 끊어지는 어려움을 겪으며 행복한 가정을 꾸려가려고 노력하는 한 권투선수의 실화다. 그때는 시합을 한 번 하면 50달러 정도 받았는데, 한 달 생활비도 되지 않았다. 그런데도 세계 헤비급에 도전하여 승리를 따냈단다. 그 돈은 집을 사고 아이들 셋을 겨우 공부시킬 수 있는 정도였단다. 지금은 시대가 바뀌어서 타이슨과 같은 거부도 있지. 또 한 예로 미셸 위가 곧 프로골퍼로 전향하는데 1년에 약 100억 원을 받고 계약하더라. 확실한 능력에 대한 보상은 주어진다는 것이다. 미셸 위는 스탠퍼드대학에 들어가서 공부를 계속하겠다고 한다.

또 이런 이야기를 미국 신문 'US TODAY'에서 보았다. 뉴욕의 중심가에서 일하는 사람은 모두 정신과 의사와 상담한다고. '마음의 여유와 가족과의 따뜻한 정 등을 함께하지 않으면 행복을 얻지 못한다'는 단적인 예다.

아빠도 너희들을 위해 봉사했으니 이제는 내 자리로 돌아가 열심히 살련다. 건강에 신경 쓰렴. 사랑한다.

시차 극복을 마치고
2005년 10월 17일

　미국에서 돌아온 지 일주일이 지나니 이제야 생체 리듬이 한국시각에 맞춰 돌아간다. 처음 이틀은 바쁜 일정에 정신없이 지나갔는데, 사흘째부터는 두통과 잠을 잘 자지 못한 피로로 정신이 없었다. 시차로 어려움을 겪으며 너희들이 한국과 미국을 오가며 얼마나 고생하는지 알겠더라. 그래도 자주 보자.
　장시간 비행에 따른 정신적인 고통은 아빠같이 쉽게 숙면하지 못하는 사람에게는 참 힘든 일 같아. 올해만 벌써 1월에 막내의 인터뷰 때문에 15일간 미국에 다녀왔고, 첫째와 둘째 졸업식에 참석하느라 두 번, 이번 여행까지 네 번이네. 장거리 비행은 힘들었지만, 너희들과 함께한 즐거움이 있으니 그걸 포기할 수는 없겠지. 경제적 시간적 소모가 크지만 아빠, 엄마는 그 이상의 즐거움을 함께하고, 너희에게도 도움이 되었다고 확신한단다.

　시차에 관한 이야기를 몇 자 적어 보낸다. 시차로 인한 현상을 영어로는 jet lag 또는 jet syndrome으로 보통 쓴다. 날짜 변경선을 넘나드는 비행기 여행 후 인간의 생물학적 리듬이 교란되어 기능 저하, 수면 장애, 흥분, 소화불량 등이 나타나는 현상을 말한다. 20~30%의 여행자는 큰 어려움이 없으나 20~30%의 사람은 일상생활에 어려움을 느끼기도 한다.

장거리 비행 후에는 주로 아침에 분비되어 낮에 일할 수 있도록 하는 스트레스 호르몬인 코르티솔이 불규칙적으로 분비되어 밤낮의 구분이 어렵게 된다고 한다. 주로 서쪽에서 동쪽으로의 여행한국에서 미국의 경우가 반대의 경우보다 고통이 심하다고 한다. 극복 방법은 너희가 잘 아는 바와 같이 미리 시차 적응에 대비하는 방법과 도착 후 간단하게 휴식을 취한 후 현지 시각에 맞춰 생활하는 것이다.

하여튼 아빠는 시차 적응에 무척 어려움을 겪었지만, 엄마는 어떤 상황에서도 쉽게 적응하는 건강함을 보였다. 이번 여행은 일주일 정도여서, 미국 시각에 막 적응한 상태에서 다시 돌아오니 아빠가 무척 힘들었단다. 그러나 너희가 생활하는 집과 방 그리고 캠퍼스를 떠올릴 수 있어 좋구나. 지금도 너희가 뭘 하고 있을지 상상하면서 웃고 있다. 막내의 어질러진 기숙사 방과 넓은 축구장, 둘째의 정돈된 방과 책상, 큰애의 경치 좋은 기숙사 방과 캠퍼스 등, 머릿속에 그려지는 너희의 공부하는 모습…. 기분이 좋구나.

자신감 있게 생활해라. 안녕.

미셸 위의 실격을 보면서
2005년 10월 20일

    지난 주말에 미국 LPGA 시합 중 하나인 삼성월드챔피언십대회가 미국 캘리포니아의 Big Horn 골프장에서 열렸다. 선수들의 기술과 실력을 보느라 엄마 아빠는 새벽마다 잠을 설쳤다. 이 대회는 세계적으로 상위 랭킹 선수와 초대받은 20명의 선수만 참가했다.
    게임 방식은 탈락 없이 모든 선수가 나흘 동안 열전을 펼친 후 상금을 나누어 갖는 것인데, 그야말로 별들의 전쟁이었다. 애니카 소렌스탐, 박지은, 폴라 크리머 등 유명한 현역 선수는 물론, 현재 프로로 뛰기 시작하며 약 100억 원의 계약을 나이키, 소니와 체결해 세계의 관심을 집중시킨 16세 미셸 위도 참가했다.
    미셸 위는 아직 아마추어 같은 모습이 있으나 좋은 성적(4위)을 거두어 프로 데뷔 첫 경기로는 만족스럽다고 대부분의 언론이 얘기하고 있었다. 그러나 2시간 후 속보에서 미셸 위의 실격이 방송되어 사람들을 놀라게 했다. 실격 이유는 다음과 같다.
    세 번째 라운드에서 티샷이 덤불에 들어갔다. 미셸 위는 언플레이 볼을 동반자 박지은에게 선언하고 홀에서 먼 쪽으로 두 클럽 거리에 볼을 드롭해야 했지만, 그녀는 실제 볼이 떨어진 위치가 홀 쪽으로 약 30cm일부에서는 3inch로 약 8cm 가까이 간 상태에서 그대로 쳤다. 그 때문에 2벌타를 기록해야 했는데도 미셸은 이를 무시했다. 이를 오소 플레이Playing from Wrong Place라고 한단다. 미셸 위는 이를 가볍게 여기고, 캐디에게 물었을 때 괜찮다고 했다는 변명만 했다.

그러나 한 스포츠 기자가 시상 2시간 후, 경기위원회에 제보해 결국 실격되었다. 상금 53,126달러도 못 받았고, 기록도 모두 삭제되는 아픔을 겪었다. 그녀의 아빠는 제보한 기자에게 오히려 고맙다고 한 것으로 알려졌다. 미셸 위는 인터뷰에서 "슬픈 일이지만 값진 경험"이라고 말하며 "다음부터는 경기위원의 지시에 따라 반드시 공식적으로 일을 처리하겠다"라고 했다.

위 사건을 보면서 몇 가지 느낀 점이 있다. 자기 기준으로 간단하게 생각하여 처리한 일이 엄청난 결과를 초래할 수 있다는 것. 즉 프로란 돌다리도 두드려보고 건너는 식의 확실한 프로 의식이 필요할 뿐 아니라 객관적으로 인정받는 방식으로 행동해야 한다는 것이다.

너희도 미셸 위 사건을 보면서 느낀 바가 있을 것이다. 프로란 그 이름에 걸맞은 역할과 높은 도덕성이 요구되는 지위다. 단순한 부의 축적이나 사회적 지위로 프로가 되는 것은 아니다. 상황을 바라보는 자세, 대처하는 태도로 프로는 구별된단다.

오늘은 이만 안녕.

2부

대나무가 성장을 위한 마디를 만들기 위해
잠시 휴면하듯이 콤플렉스는 성장을 위한 마디다.

둘째에게 전하고 싶은 말
2005년 10월 28일

    둘째가 이제 열아홉 번째 생일을 맞는구나. 네가 태어날 때 모습을 아빠는 정말 잊을 수가 없단다. 막 세상에 나온 너는 동그란 눈이 맑게 빛나고, 이목구비가 아주 또렷한 건강한 남자아이였다. 그런 아기를 본 것은 아빠로서도 정말 멋진 경험이었다.
    어느덧 성장하여 대학생이 되었다고 생각하니 참으로 감격스럽다. 중학교 때 미국에 처음 가서 낯선 문화에 적응하느라 고생도 많았지. 어려운 시기를 견디고 여기까지 잘 구축해 온 네가 자랑스럽기 한이 없다. 원하는 좋은 대학에도 들어가고. 정말 수고 많았다.
    사랑하는 둘째야! 이제는 성인으로서 새로운 너의 세계를 만들어 가기 바란다. 그래서 네가 원하는 멋진 인생을 만들어가자. 네 옆에는 항상 가족이라는 든든한 버팀대가 있다는 것을 잊지 말고. 어려운 일은 언제든 꺼내 놓고 함께 의논하자.
    오늘은 특별히 네게 전하고 싶은 말을 적어본다.

    생각하는 대로 말이 되어 나온다.
    생각하고 사고하기에 따라 또는 지식의 종류와 교육의 차이에 따라 표현이 다르게 된다.

　말에 따라 행동이 나타난다.
　생각하고 표현한 내용에 맞추어 행동하게 된다.

　행동이 반복되면 습관이 된다.
　결정하여 행동하면 어떤 결과를 만들고, 이것이 반복되면 습관이 된다.

　습관이 지속되면 성격이 형성된다.
　습관이 몸에 익숙해지면 그에 따라 성격이 형성된다.

　성격이 정해지면 바로 그것이 미래를 결정하게 되는 것이란다.
　다시 한번 둘째 아들의 19번째 생일을 축하한다.

나의 콤플렉스
2005년 11월 6일

　콤플렉스를 영어사전에서 찾아보면 '복잡한, 얽히고설킨'의 의미가 맨 처음에 나오고 바로 '관념 복합체'라며 정신 분석학적 개념이라고 적혀 있다. 그러나 일상적으로 우리가 쉽게 느끼는 의미는 자기 자신의 부족한 점, 또는 남과 비교하여 뒤지는 점으로 알고 있다. 세상 모든 사람은 상대적인 콤플렉스를 갖고 있다. 콤플렉스 때문에 사회적으로 어려움을 겪는 사람이 있는 반면, 콤플렉스를 자기 발전의 기회로 삼은 인물도 많다.

　아빠는 초등학교 5학년 때 외모 콤플렉스가 있었다. 거울을 보며 내 얼굴은 왜 이리 못생겼나 하고 생각했고, 그 때문에 사람들 앞에 나서는 게 항상 두려웠다. 이는 사춘기 때까지도 계속되었단다. 고등학교 때는 글 쓰는 게 어려워서 항상 나는 작문을 못하는 줄 알았으며, 처음 지원했던 대학에 떨어지고 재수하는 동안에는 나 자신을 무척 미워하며 자책도 많이 했다. 친구들과 어울릴 때도, 술을 마시건, 춤을 추건, 노래를 부르건 왜 이리 나는 할 줄 아는 게 없는지 온갖 콤플렉스에 시달려야 했지. 또 유학을 위해 미국에 처음 갔을 때는 영어 콤플렉스에 시달렸다.

시간이 지나면서 콤플렉스는 차차 사라지게 되었단다. 내가 가진 콤플렉스가 나만의 문제가 아니라는 깨달음을 얻은 게 계기였다. 외모 콤플렉스나 열등감 등을 많은 사람이 갖고 있다는 걸 알게 된 것이지. 그 후 나는 나의 장점을 보기 시작했다. 나는 키가 커서 못생긴 얼굴이 문제 되지 않는다, 나는 현재 위치에서 인정받는 사람이다, 등등 이렇게 생각이 바뀌니 그때부터 매사에 자신감이 붙기 시작했단다. 그러니 하는 일도 저절로 잘되었고 자신감은 큰 성과로 이어졌다.

'나폴레옹 콤플렉스'라는 것이 있다. 나폴레옹은 짧은 키에 가문과 경제력이 보잘것없어 콤플렉스가 심했다. 그는 콤플렉스를 넘어 스스로 보상받기 위한 욕구가 강한 사람으로, 공격적으로 노력하고 결국 영웅이 되었다는 데서 유래한 심리학 용어다. 그 외에도 많은 CEO, 정치가, 과학자 등 유명한 인물들은 대부분 문제가 있거나 나름의 콤플렉스를 극복하고 위대한 인물로 거듭났다.

콤플렉스 극복에 관한 좋은 글을 정리해 본다.

첫째, 약점을 감추지 말고 드러내라. 상처를 숨길수록 안으로 더 깊게 곪듯 단점 역시 감출수록 커진다. 부족한 점을 당당하게 내보이고 솔직한 태도로 콤플렉스를 대하라.

둘째, 콤플렉스를 나의 강점으로 만들어라. 그러기 위해서는 다른 일과 마찬가지로 부단한 노력과 훈련이 필요하다.

셋째, '이래서 안 된다'라는 부정적인 생각 대신 '이러니까 해야지' 하는 긍정적인 태도로 자신에게 관대해지면 콤플렉스는 해소될 수 있다.

여러 이야기를 늘어놓았구나. 아들들아! 사춘기, 청년기에 갖고 있는 여러 콤플렉스 또는 단점은 너희들이 앞으로 나가는데 전혀 영향을 주는 것이 아니다. 반대로 그런 생각이 너희를 더욱 강하게 만들어줄 것으로 굳게 믿고 있단다. 대나무가 성장을 위한 마디를 만들기 위해 잠시 휴면하듯이 콤플렉스는 성장을 위한 마디란다. 완벽해야 한다는 강박을 버리고 느긋한 마음으로 자신의 콤플렉스를 이해하면 좋겠구나.

주변의 친구들을 자세히 보거라. 아마 너희들만큼 많이 가진 사람도 드물 것이다. 항상 자신감을 갖고 살고, 교만하지 말고, 작은 콤플렉스 때문에 괴로워하는 대신 어려운 환경에서도 열심히 사는 주변을 돌아보는 사람들이 되기 바란다.

아빠의 첫 주례

2005년 11월 16일

아주 작은 미생물에서부터 인간에 이르기까지 살아 있는 모든 것들에는 동·식물을 막론하고 자기보호 본능과 종족보존 본능이 있다. 본능은 배워서 익히는 것이 아니라 스스로 태어날 때 갖고 있는 능력을 말한다.

사람은 자기보호 본능으로 음식을 섭취하고 집과 의복을 갖추려 노력하며, 물건을 소유하고 남을 지배하려고 한다. 자신을 보호할 능력이 생기면 종족보존 본능으로 남성과 여성이 만나서 함께 생활하게 된다. 그러나 힘센 자가 모든 이성을 독차지하는 동물과는 다르게 인간은 혼인 제도를 만들어 사회 질서를 유지한다. 혼인 제도로 우생학적인 문제도 어느 정도 해결하고 있지.

남자와 여자가 만나 결혼식이라는 엄숙한 절차를 거쳐서 합법적으로, 사회적으로 동거를 시작한다. 그러나 중요한 것은 두 사람의 인격체가 만나서 상호 협동하며 조화롭게 사는 것이고, 좀 더 확대해 보면 두 가정 또는 가문이 관계를 맺는 의미가 결혼이다. 이런 인생에 가장 중요한 절차를 주관하고, 신랑 신부 주변 사람들에게 이들의 관계를 선포하는 역할이 주례다.

　서양에서는 목사님, 신부님 등 정신적인 지도자가 주례하는 것이 일반적이며 때로는 배의 선장, 비행기의 기장, 군대의 지휘관 등 인간의 생명을 책임지고 생활하는 분들이 하기도 한다. 우리나라에서는 전통적으로 주변의 존경받는 분에게 주례를 부탁한다.

　대학에서 교수직을 갖고 있는 아빠의 첫 주례는 결혼하는 신랑 신부뿐만 아니라 내게도 무척 중요한 의미가 있었다. 아빠의 제자들이 정중하게 주례를 부탁할 때 처음엔 무척 당황했지만, 아빠를 가장 존경하는 은사로 여긴다는 뜻 아니겠니. 은사에게 결혼 축복을 받고 싶어 하는 그 마음 앞에서 나도 감사한 마음으로 주례를 허락했단다.

　결혼식 날이 다가오니 아빠가 좀 긴장됐어. 두 사람 인생과 집안에서 가장 중요한 행사인 결혼을 내가 주관해야 한다는 책임감 때문이지. 그래서 사람들에게 결혼식 절차와 주례사 내용을 묻기도 하고 인터넷에 이미 알려진 결혼식 순서와 주례사를 찾아보기도 했다. 직접 남의 결혼식장에 가서 주례의 역할과 주례사의 내용을 주의 깊게 듣기도 했단다. 주례 공부를 꽤 했지. 그리하여 일주일 전부터 주례사를 작성하고 수정해가며 정리를 시작했다. 소리 내어 읽어보기도 하고 엄마에게 수정을 부탁하고 낭독하기 어려운 문어체 문장은 구어체로 고치고, 낭독 시간도 조절해가며 연습을 했다.

　결혼식장까지는 엄마가 운전해 줬다. 도착한 결혼식장은 약 800

명을 수용하는 엄청나게 큰 홀이었어. 식장에 들어서니 다시 긴장되더구나. 하지만 긴장이 때로는 엄청난 집중력으로 나타나는 나의 특기를 살려 멋진 주례로 결혼식을 마쳤단다. 많은 하객 앞에서 멋진 신랑 신부를 부부로 선포한 의미 있는 날이었다.

주례사를 요약하면 일단 축하하기 위해 온 많은 하객에게 감사의 뜻을 전하고, 신랑, 신부의 사람 됨됨이와 경력, 가정 등을 설명했다. 그리고 사랑과 믿음의 결속이라는 결혼의 의미를 알려주고, 근면하고 창조적 생활 자세를 갖기 바라는 마음을 전하며, 낳고 길러 주시고 가르쳐 주신 부모님께 잘하라는 점을 강조했다. 한편 지나치게 이성적으로만 살지 말고 즐겁게 여유롭게 살기를 주문한 후 축복으로 마무리했단다.

첫째와 둘째도 성인으로 당연히 사랑을 해야 하고 적당한 시기에 배우자를 만나 결혼도 할 것이다. 결혼은 인생의 중요한 세 가지 일 탄생, 결혼, 죽음 중에서 본인이 선택할 수 있는 유일한 것이다. 그만큼 신중해야 하고, 일단 가정이 생기면 책임지는 자세가 필요하다. 아빠는 장래의 며느릿감을 상상하는 재미가 하나 늘었다.

잘 지내고 연락하자.

수능시험
2005년 11월 24일

 지난 수요일, 수능시험이 전국적으로 치러지면서 수험생이 있는 집에서는 희비가 엇갈리는 모습이었다. 대학 시험에 총력을 기울이는 주변 가족들을 보며 든 생각이다. 대학 시험이 인생의 전부는 아니지만, 등급이 지어지며 구별되는 것만은 사실인 것 같구나. 오늘 신문에 '시험'이란 제목의 글이 있어 정리해 보낸다.

 성공의 여부는 IQ가 아니라 확신, 끈기, 열정이 좌우한다.
 "톰, 저녁을 남기지 말고 다 먹어라. 중국이나 인도 사람들은 굶고 있단다."
 세계화를 다룬 저서 《세계는 평평하다》로 유명한 토머스 프리드먼이 어릴 적 부모에게서 듣던 말이다. 뉴욕타임스 칼럼니스트인 그는 최근 대학 1학년과 고교 2학년인 두 자녀에게 이렇게 말한다고 한다.
 "얘들아, 어서 숙제를 끝내거라. 중국과 인도 사람들이 너희가 원하는 일자리를 노리고 있단다."
 세계가 무한 경쟁 시대에 돌입했다고 주장하는, 그다운 자녀 교육법이다.

경쟁은 흔히 '시험'이란 옷을 입는다. 점수에 따라 희비가 갈리지만 인생의 성패까지 결정하는 건 아니다. 1851~1864년의 짧은 기간 청淸과 함께 중국을 반분했던 '태평천국'의 탄생은 한 사람의 시험 실패와 밀접한 관련이 있다.

홍수전. 총명했던 그에게 집안은 온 희망을 걸었다. 그러나 1843년 네 번째 도전한 과거에서도 실패하자 40일간 열병을 앓는다. 하루는 꿈속에서 한 노인으로부터 악마를 물리치고 세상을 구하라는 계시를 받는다. 기독교 서적을 읽었던 그는 꿈속의 노인을 여호와라고 확신, '상제上帝의 가호 아래 누구나 평등을 누리는 태평천국' 건설에 몸을 바친다.

시험에 낙방하고도 역사에 이름을 남긴 이는 많다. 윈스턴 처칠은 육사 시험에 두 번 떨어졌고 아돌프 히틀러 또한 미술학교 시험에서 두 번이나 고배를 마셨다.

1921년 미국 심리학자 루이스 터먼은 IQ 135 이상 1,500명의 어린이를 상대로 성취도 조사에 착수했다. '흰개미'라고 불린 이 아이들은 뛰어난 학습능력과 높은 성공도를 과시했다. 터먼은 선천적 지능이 성공을 좌우한다고 발표하기에 이르렀다. 성급한 결론이었다.

정작 흥미로운 결과는 후속 연구를 통해 나왔다. 성공도 최고의 흰개미들과 성공도 최저의 흰개미들을 비교한 결과 이들의 IQ는 거의 같았다. IQ와 성공 간의 상관관계는 별로 없었다. 그러나 성공도가 높았던 아이들에겐 공통된 특성이 발견됐다. 그들에겐 확신과 끈기, 열정이 있었다.

　60만 학생이 대학수학능력 시험을 치렀다. 시험을 잘 본 학생도, 그렇지 않은 학생도 있을 것이다. 중요한 건 시험이 끝났다고 인생이 끝난 게 아니라는 것이다. 물론 시험 실패가 인생 실패는 더욱 아니지. 낙심한 친구들이 있다면 용기 내어 일어설 수 있기 바라는 마음이다. 확신과 끈기, 열정이 있는 한 인생은 희망적이다.

유종有終의 미美
2005년 12월 4일

　요사이 아빠가 어쩐 일인지 몸이 피곤하고 두통도 가끔 있어서 생각해 보니 벌써 한 학기가 끝나가고 있구나. 내일이면 종강, 곧 기말고사 기간에 접어든다. 아빠도 한 학기 동안 시간에 쫓기며 바쁘게 사느라 스트레스가 있었나 보다.
　처음 미국에 갔던 24년 전, 첫 학기를 기를 쓰고 마쳐가는데, 시력이 갑자기 떨어지며 눈이 침침하고 앞이 잘 안 보이는 증상이 있어서 걱정하며 의사를 만났단다. 눈 검사 후 바로 안경을 쓰라는 의사의 지시가 있었지만, 아빠는 아직도 안경을 쓰지 않고 있단다. 한 학기 동안 힘들어서 나타난 일시적인 현상이었던 거지. 한 달쯤 지나고 나니 차차 좋아지더라. 학기가 끝날 때마다 반복되는 일이라 이번 두통도 또 그때가 되었나 보다 하며 버티고 있다.

　공부를 열심히 하며 한 학기를 잘 마치는 것은 참 어려운 일이다. 특히 너희 같은 대학 1학년은 새로운 환경에 적응하랴, 입시 압박에서 벗어난 자유를 즐기랴 갈등했을 것이다. 그렇게 갈등하며 자신의 역할과 위치를 찾아가면서 성인이 되는 것이다. 한 학기 끝자락에 와 있는 너희에게 마지막까지 최선을 다하라는 말을 하고 싶다.

오늘은 '유종의 미'의 의미를 전하고 싶다. 중국의 사서삼경 중 하나인《역경》에서는 겸손과 함께 유종의 미를 설명하고 있다. 겸손이란 귀신도 좋아하는 말로써 군자가 유종의 미를 거두려면 끝까지 겸손해야 하며, 겸손하면 만사가 형통하단다. 겸손한 마음가짐으로 끝까지 마무리를 잘하면 좋은 결과를 거둘 수 있다는 의미가 되겠지.

기말고사를 앞두면 어떤 과목은 많이 아는 것 같아서 겸손한 마음보다는 자만감이 들어, 시험공부를 게을리하여 실패하는 때도 있다. 반면에 어렵거나 공부가 덜 된 과목에는 저절로 겸손해져서 답안 하나 작성하는 데도 신중하게 된다. 그러다 보면 뜻밖에 좋은 결과를 얻기도 하지. 겸손한 마음으로 마지막 시험까지 최선을 다하기 바란다. 마무리가 좋아야 그동안 애쓴 일들이 진정 의미 있게 된단다.

기말고사 잘 치르고, 기분 좋게 집에 와서 푹 쉬고 가거라.

보고 싶구나. 사랑한다. 안녕!

과학의 세계와 과학자

2005년 12월 10일

    초등학교 시절, 새 학년이 시작되면 담임선생님께서는 항상 가정환경이나 장래의 꿈을 적어내도록 하셨다. 그때 아빠는 별로 고민하지 않고 과학자라고 서슴없이 적어냈었다. 그때는 왜 그런지 많은 남학생이 과학자, 대통령 등을 꿈꾸었고, 여학생들에게는 간호사, 선생님이 가장 인기 있는 장래 직업이었다.

    내 꿈이 과학자였던 건 당시 할아버지께서 이미 유명한 과학자였던 영향이 있었을 거다. 세월이 지난 지금의 아빠 자신을 보면, 공학자가 되어 학생을 가르치고 있으니 그래도 꿈을 이루지 않았나 하는 생각이다.

    황우석 교수 사건을 계기로 과학자의 자세에 대해 생각해 봤다. 황우석 교수는 우리나라 모든 국민이 아끼고 자랑스럽게 여기는, 줄기세포 연구 분야에서 세계가 인정하는 과학자다. 줄기세포는 동물의 조직 분화 과정에서 볼 수 있는, 모든 신체 기관으로 전환할 수 있는 세포다. 줄기세포를 이용하면 현대 의학으로 극복하기 어려운 당뇨병, 심장병 등을 치료할 수 있고, 장기나 재생 불가능한 생체 조직을 생성해 이식도 가능해, 이 새로운 개념의 연구에 세계가 주목하고 있었다. 그런데 최근 한 방송사에서 이 연구의 윤리 문제와 연구 내용의 문제점을 다루면서 여러 관점에서 사회적인 논란이 일었다.

우선 첫째는 윤리 문제다. 과학 연구는 인간의 기본적인 삶의 목적과 사회 규범에 윤리적으로 어긋나지 않아야 한다. 너희들이 본 영화 '6th day'와 '파라다이스Paradise'에서 이와 같은 문제를 다루었지. 문제가 된 부분은 연구 과정에서 사용한 난자가 기증된 것이 아니라 매매나 어떤 대가에 의한 것이었다는 점이다. 이는 윤리적 문제를 일으킬 수 있고, 법적으로도 큰 문제가 될 수 있다. 즉 과학은 인류의 생활을 편안하고 풍요롭게 만드는 하나의 길이지만, 응용 방법이 잘못되거나 목적에 어긋나면 가치를 인정받을 수 없게 된다.

둘째는 연구 내용의 진위다. 조작 의혹이 계속 있었다는 거다. 이를 방송국의 비전문가PD가 문제 삼고 분석하여 따지고 나서게 된 경위를 이해할 수는 없지만, 여하튼 조작 의혹은 과학을 하는 입장에서 보면 잘못된 것이다. 과학적 진실은 과학으로 도출해 내야 한다. 만일《사이언스SCIENCE》지에 실린 어떤 논문이 진실이 아니라면 그는 과학자의 양심을 버린 최악의 '인간'이다.

오늘 뉴스를 보니 세계적으로 많은 기관과 연구원들이 황 박사 연구의 의심되는 부분을 지적하고 있구나. 한편 황우석 교수 측에서는 다음 논문에서 더욱 확실한 증거로 진실을 보여주겠다고 한다. 제발 검증된 새로운 논문이 나와 이런 의혹을 해명해 주기 바란다.

황우석 교수 논문의 진실 공방을 보면서 아들에게도 다시 강조하고 싶다. 다른 어떤 직업도 마찬가지지만, 특히 과학자의 길로 들어선 너희는 도덕과 윤리를 벗어난 연구에 성급히 뛰어들지 말아라. 연구 내용은 한 치의 의심 없이 객관적으로 증명할 수 있어야 한다.

동물에게는 이성을 유혹하는 특유의 냄새, 페로몬pheromone이 있다고 알려져 있다. 이 사실이 알려지자 유혹의 향수로 개발되기도 하면서 사회적 관심이 뜨거웠었다. 쟁점은 페로몬이 인간에게도 있는가였다. 실험은 아주 단순했다. 95년 독일 베른대학의 웨더킨트 박사가 남성들의 땀에 전 옷을 여성들에게 건네 냄새를 맡도록 했다. 그 후 호감도를 조사해 호감 정도에 따른 서로의 유전자를 검사한 결과 자신과 가까운 친척이나 비슷한 유전자를 가진 이성의 냄새는 싫어하고, 서로 다른 유전자를 가진 이성을 좋게 느끼는 경향을 확인했다. 이로써 사람도 유전적으로 강한 후손을 얻기 위해 서로 다른 유전자에 본능적으로 끌린다는 사실이 증명되었다.

네덜란드의 호이겐스는 1678년 '빛의 파동설'을 처음 내놓았다. 그러나 이때는 뉴턴의 '빛의 입자설'이 위력을 떨칠 때였다. 빛 파동설은 100년 넘게 프랑스의 프래넬이 증명할 때까지 기다려야 했다. 아인슈타인도 '상대성이론'을 발표한 뒤 3년 동안 진위 여부로 수모를 겪다 다이슨이란 과학자가 연구를 통해 아인슈타인의 손을 들어

주면서 아인슈타인 논문이 인정받기 시작했다.

  이번 황우석 교수팀의 배아 줄기세포에 관한 논문도 윤리 문제의 어려움을 이기고, 객관적 도덕적 절차로 재검증되기를 바란다. 그리하여 많은 난치병 환자에게 희망을 주고, 우리나라 과학의 위상을 세계에 알리는 계기가 되기를 진심으로 바란다.

  과학자는 진실을 탐구하는 사람이다. 아들, 이 사건을 계기로 꼭 명심하기 바란다.

Welcome to Sweet Home!

2005년 12월 11일

　엄마와 예술의 전당에서 이루마의 피아노 연주를 듣고 막 돌아왔다. 이루마는 서정적인 피아노곡을 작곡하고 연주하는, 젊은이들이 꽤 좋아하는 음악가란다. 너도 그 이름을 알고 있지? 아름다운 피아노 연주를 듣는데 아빠는 음악에 집중하지 못하고 네 생각만 했다. 다음 주부터 시작되는 기말고사에 얼마나 스트레스를 받을까, 집에 올 생각에 얼마나 들떠 있을까, 집 생각에 시험을 제대로 치르기는 할까 등등.

　하여튼 마지막 정리 잘하고 와서 맘껏 즐기다 가거라. 맛있는 음식을 잔뜩 먹이고 싶은데 뭐가 좋을지 엄마와 한참 얘기했어. 아들, 뭐가 제일 먹고 싶니?

　일주일 후면 아들 셋을 다 만날 수 있다고 생각하니 마음이 벌써 뿌듯하다. 근데 무엇을 하며 그 귀한 시간을 보낼까? 우선 너희가 오면 선산에 성묘부터 하자꾸나. 성묘 다녀온 후엔 각자 하고 싶은 게 있으면 알려다오. 아빠가 기꺼이 서포터즈가 될 테니.

　아들! 너를 기다리는 가족이 있고, 돌아갈 조국이 있다는 것에 늘 감사하며 살아야 한다. 혹시 주변에 방학 동안 갈 곳 없는 친구가 있다면 함께 와도 좋다.

 동물 대부분은 본능으로 자기가 태어난 곳으로 돌아가서 죽는 습성이 있지. 민물에서 태어나 먼바다에서 성장한 후 다시 태어난 곳으로 돌아오는 연어가 있고 코끼리, 거북이 등이 태어난 곳에 가서 죽음을 맞는단다. 남쪽에서 날아온 새는 남쪽 가지에 앉는다는 말도 있다. 사람이나 동물이나 고향은 그토록 그리움의 대상인가 보다.
 수구초심首丘初心이라는 중국 고사가 있단다. 한자 그대로 풀면 '여우는 죽을 때 자신이 태어나 뛰어놀던 언덕을 향해 머리를 둔다'는 것으로 죽어서도 고향을 그리워한다는 뜻이다. 강태공 고사에서 이 말이 생겼단다. 강태공은 중국 전국 시대 때 이름을 떨친 정치가로 본명은 강상姜尙이지만 강태공으로 더 잘 알려진 인물이다. 주나라 사람인 그는 제나라 초대 군주로 5대에 이르도록 제나라에 살았으나 죽은 후 주나라에 와서 장례를 치렀다는구나. 아무쪼록 주변에 외로운 친구가 없는지 살핀 후 귀국하기 바란다.
 만날 날 기다리며 이만 줄인다. 안녕.

한국인의 '정'

2006년 1월 8일

   2005년을 잘 보내고, 모였던 식구들이 다시 2006년의 배를 타고 떠났구나. 자주 볼 수 없어 안타깝지만, 너희들의 항해를 응원한다. 너희가 떠나고 나니 가족, 식구, 정이 무엇인지 새삼 귀하게 느껴진다.

   우리 민족 특유의 정서인 '정'은 타 언어로 번역하기가 쉽지 않다. 영어로는 Feeling, Emotion, love 등으로 해석되더구나. 이중 어느 것도 '정'의 느낌을 정확히 표현해 내지는 못해.

   우리말에서 정은 인간의 내면에서 우러나오는 상호 끈끈한 감정으로 부부의 정, 아이들에 대한 어머니의 정과 같은 것이지. 부대끼며 사는 사람들이 느끼는 고운 정, 미운 정, 사람과 사람 사이에서 심연을 타고 흐르는 감정을 정이라 말하고 싶구나.

   우리나라 드라마는 유독 정을 소재로 한 게 많아. 최근에는 한국적 정서인 정이 한류의 한 축을 만들기도 하는 거 같아. 한국 드라마가 중국 일본 등지에서 영향력을 발휘하며 한국인의 정서가 세계로 퍼지고 있다. 정이 많은 사람은 온순하고 다정다감한 성품이지만,

자칫 정에 이끌려 냉정함을 잃는 경우 큰일을 그르치는 수도 있다.

우리 식구들은 대체로 정이 많다. 정이 많다 보니 외향적인 투지가 부족한 면도 있다. 자기의 부족함을 잘 인식하고 다정다감하되 판단이 필요한 곳에서는 과감성을 발휘하는 아들들이 되기 바란다.

'아이다Aida' 공연과 청담 순두부

2006년 1월 24일

    2006년 새해 첫날을 우리 모두 무척 바쁘게 시작했다. 온 식구가 아침 일찍 차례를 지내고, 증조할머니와 함께 교회에서 경건한 마음으로 새해를 계획했다. 하나님께 우리 가족 모두의 건강과 안녕을 빌었어. 증조할머니의 장수와 건강은 증조할머니의 깊은 신앙심과 기도 덕분이 아닌가 싶다.

    차례를 지낼 때는 할아버지 할머니를 중심으로 한, 가족이란 울타리에 고마워하며 모두 즐겁게 아침을 먹었다. 식사 후 온 가족이 새해 첫날을 기념하여 뮤지컬 '아이다Aida'를 감상하러 갔지. 웅장하지는 않았지만, 멋진 연기와 연출로 2시간 30분 동안 집중하며 즐길 수 있었다. 가족이 함께 같은 걸 보고 느낌을 공유할 수 있는 좋은 시간이었다. 너희가 동참해 주어 고마웠다. 아들들의 정신세계가 조금 더 확장되었으려나? 그랬으면 싶다.

    멋진 '아이다' 공연 뒤에 다 같이 찾아간 청담 순두부집 역시 한바탕 즐거운 식사였다. 기름진 차례 음식을 먹은 후라 얼큰한 순두부가 정말 일품이었다. 콩을 원료로 하는 순두부찌개는 세계적인 음식으로도 손색이 없어. 2005년 1월 5일 자 뉴욕타임스에 한국의 순두부찌개가 겨울철 최고 음식으로 소개되었던 적이 있다. 기사에 의하면 순두부는 "예술처럼 부드러운 연두부에 매콤한 육수, 고기, 해물, 김치 등이 어우러진 최고의 음식"이다. 육류와 감자에 찌든 미국인 식탁에 변화를 주고 싶다면 새로운 동양 음식으로 순두부를 권하는 기사였다. 맞는 말이지. 불고기와 김치에 이어 순두부가 또 하나의 한류 음식이 되길 바란다.

  콩으로 만든 순두부를 생각하면 아빠는 항상 할아버지께서 콩 전문 박사라는 사실에 어깨가 으쓱 올라가는 느낌이다. 너희 할아버지는 유명한 유전학자시다. 특히 콩의 기원이 유전학적으로 우리 한반도라는 사실을 세계적으로 처음 알린 분이란다. 그래서 국가로부터 훈장도 받으시고 세계적인 콩 학회에 자주 초대되셨다는 사실을 너희도 기억해 주기 바란다.

  새해 첫날 '아이다' 감상 후 순두부 맛처럼 또 맛난 새해를 시작해 보자.

까치 까치 설날
2006년 1월 29일 설날에

"까치 까치 설날은 어저께고요~, 우리 우리 설날은 오늘이래요~."
바로 오늘이 설날이란다. TV를 보며 엄마와 함께 동요를 따라 불렀다. 너희들 없이 설을 보내는 허전함을 그렇게라도 달래봐야지.

어제는 작은 아빠 가족과 고모부와 함께 저녁 식사를 하고 증조할머니도 뵙고 왔지. 95세의 정정하신 모습에 다시 한번 감사했다. 오늘 새벽에는 돌아가신 외할아버지를 기리며 절에 다녀오고, 할아버지 할머니 댁에 가서 세배 드리고 나니 별로 할 일이 없더라. 너희들의 전화를 기다렸는데 소식이 없어 좀 서운하기도 했다.

우리 집은 양력 1월 1일에 온 식구가 모여 차례도 지내고 세배도 하며 즐겁게 지냈지. 너희뿐 아니라 네 사촌들도 함께 있어 그때 참 좋았다. 10년 전에는 설을 명절이 아닌 긴 휴일로 지내기도 했단다.

설날은 우리나라 고유의 명절로 음력을 기준으로 한다. 양력은 태양을 도는 공전주기인 365.24일을 1년으로 하는 달력을 말하며, 세계 공통으로 사용하는 달력이다. 음력은 우리나라, 중국과 같이 농경사회에서 사용되었으며 달의 공전주기인 29.53일을 기준으로 한다. 음력은 기후변화와 잘 일치하므로 24절기를 구분하는 기준이 된단다. 그래서 우리의 명절인 추석은 곡식을 거두어들이는 시기에 지내는 축제와 같고, 설날은 봄을 맞이하며 새로운 시작과 각오를 하는 시점이 된단다.

설을 보내며, 지난 학기를 잘 보내고 좋은 성적을 거둔 우리 아들들에게 또 당부하고 싶어진다. 오늘 아침에 Buick Invitational Championship PGA 대회에서 연장전 끝에 우승한 타이거 우즈를 보면서 든 생각이다. "잘될 때 긴장하라." 골프의 매력 중 하나가 변수가 많다는 것이다. 대회에서 우승하려면 모든 육체적 기량을 발휘해야 하지만, 변수에 대응하는 것은 정신적인 긴장감이다.
타이거 우즈가 이런 멋진 말을 했다.
"우승을 맛본 자만이 또 우승할 수 있다."
자, 아들들, 지난 학기 좋은 성적을 거두었으니 그 맛을 이어가기 바란다. 화이팅! 물론 지혜롭게 놀고 쉬기도 해라.

가수 비의 뉴욕 공연
2006년 2월 5일

　우리나라를 대표하는 가수 '비'가 아시아 출신 가수로는 처음으로 2006년 2월 2일 뉴욕의 메디슨 스퀘어 가든 극장에서 5,000명의 팬들이 가득 찬 가운데 공연을 했다. 한류 열풍과 함께 아시아권에서는 이미 검증된 가수 비의 미국 입성에 한국, 미국은 물론이고 일본 언론까지도 큰 관심을 갖고 무게 있게 보도하고 있다. 일본 여가수 히카루 등이 아시아권 스타로서 미국에 발을 디뎠으나 현지에서 크게 관심을 끌지 못한 것과 비교하며 긴장하는 분위기란다. 비의 성공적인 공연을 보면서 문화란 무엇인지 아빠 생각을 정리해 봤다.

　인류 역사에서 문화의 흐름이란 사회 변화를 이끌 뿐 아니라, 여러 가지 정치적 흐름까지 지배한다고 해도 과언이 아닐 것이다. 로마와 그리스를 시작으로 발달한 서양문화는 이성주의, 과학주의를 기반으로 하며 기독교 전파와 함께 여러 국가로 퍼져 나가 현대 문명의 기초가 되었다. 우리의 일상생활도 날로 서구화하는데, 서양문화 지배 아래 놓이게 된다는 말과 별반 다르지 않다.

　한편 중국을 중심으로 발달한 동양문화는 감성주의, 자연주의를 바탕으로 하며 인도에서 시작된 불교 전파와 함께 아시아 전역으로 퍼져 우리 정신문화 기반이 되었다. 동양문화는 실크로드를 통해서 서양의 문화와 일부 융합하여 중동이나 인도 문명에 영향을 미치기도 했다.

18세기 영국에서 일어난 산업혁명 후, 교통수단 발달로 서양문화는 전 세계로 빠르게 보급되고 전파되었다. 그 중심에 자동차 강국인 미국이 있다. 20세기까지 글로벌 문화는 미국 중심이었다고 할 수 있지. 21세기에 들어서는 인터넷 보급과 함께 동양문화에 대한 관심이 급격하게 확산하는 것을 본다. 작금의 동양문화란 바로 우리 대한민국이다! 그 중심에 너희가 있다는 사실을 명심하기 바란다.

신석기 시대의 문화를 시작으로 한반도의 역사는 약 2000년 정도 된다. 위로는 몽골에서 유입된 북방 민족과 남쪽의 바다를 통해서 한반도로 유입된 남방계 민족이 합쳐져서 한민족을 이루고 있다. 한민족은 중국으로부터 유교와 불교 등을 받아들였지만, 차츰 우리만의 문화로 토착화하는 데 성공한 영특한 민족이다. 우리 민족은 지정학적 위치로 인해 중국, 일본을 비롯한 외세의 침공을 무수히 당했다. 그때마다 새로운 문화의 지배를 받기도 했지만, 끝내 우리의 언어와 고유문화를 끈질기게 지켜냈다. 타문화와 결합하며 문화적 융합이 일어나기도 했다. 한민족은 작지만 강인하고, 새로운 문화를 흡수하여 내 것으로 만드는 능력이 뛰어난 민족이란다.

이런 관점의 기사가 뉴욕타임스 2006년 2월 2일 자 1면에 실렸다. 기사 내용은 한류에 관한 것으로 '중국 젊은이들을 위한 한국 문화'라는 제목으로 "중국에서 한국이라는 단어는 패션과 스타일을 상징하며, 그래서 중국 젊은이들은 한국을 모방한다"라고 쓰고 있다. 한발 더 나아가서 "과거 한국은 중국과 일본, 미국으로부터 문화적 영향을 받아왔지만 이젠 문화 수출국이라는 위치에 서 있다"라고 언급했다.

한편 뉴욕타임스는 한국이 이처럼 매력적인 나라가 된 이유를 "한국이 서양과 동양의 가교 역할을 하고 있기 때문"이라고 분석했다. 중국과 다른 아시아 국가의 젊은이들은 서구 생활 방식과 분방함을 동경하면서도 그걸 그대로 받아들이는 데는 거부감이 있다는 것이다. 그런데 한국 문화는 서구의 가치관을 동양식으로 걸러냈기 때문에 다른 아시아인들이 쉽게 받아들일 수 있다는 것이다. 그러나 한류는 아시아뿐만 아니라 이미 세계적 문화의 한 축이 되어가고 있단다. 한국이 얼마나 대단한 나라인지, 자부심을 느껴도 좋다.

비의 미국 공연은 이런 면에서 상당히 가치가 있다. 비의 공연을 계기로 미국에 사는 아시안들이 맹목적으로 미국 문화에 흡수되기보다는 동양문화를 이해하고 자랑스럽게 여길 수 있기 바란다. 양쪽 문화를 모두 경험하는 너희는 정말 행운아들이다.

이 공연의 의미는 한국 문화가 서양 사회로 진입하는 시작이라는 것이다. 공연 후 미국의 팝 칼럼니스트들은 "김치 이래 한국 문화 중 가장 인기 있다"라며 그 발전 가능성을 얘기하고 있다. 여기에는 넘어야 할 몇 가지 문제점도 있다. 우선 언어의 한계다. 그다음은 관객의 한정. 관객의 95%가 아시안이고 그중 대부분이 젊은 여성으로 팬층이 얇고, 춤은 잘 추지만 90년대 미국의 뮤직비디오를 재연한 느낌 정도로 아직 미국 시장 전반에 감동을 선사하기는 부족했다는 점 등이 지적되었다. 아시아권에서는 우상이지만 서양문화 속 음악과는 거리가 있다는 의미로 해석된다. 타문화의 벽을 깬다는 게 쉬운 일이 아니지. 비가 좀 더 활약해 주길 바라고 그들의 역할에 기대를 건다. 이제 시작이니 진지하게 미국의 대중 속으로 파고들어 비의 노래가 미국 빌보드차트에 진입하고 언젠가는 Backstreet Boys 와 같이 1위에 올라가기를 진심으로 바란다.

한국문화 속에서 사춘기까지 성장한 너희에게도 그 DNA가 자리잡고 있을 것이다. 몇 년 동안 영어와 미국 음식을 먹고 미국 문화에 적응하려고 애쓰면서도 미국 팝 뮤직보다 한국 가수 노래를 즐겨 듣고 한국 음식과 한국 영화를 즐긴다니 말이다. 그런 너희 모습에서도 문화의 힘을 느낄 수 있지. 한국에서만 살았다면 한국문화의 소중함은 오히려 덜 느꼈을 것이다.

얘기를 좀 바꿔보자. 비 공연 후 비평가들 얘기처럼 세계 무대를 제패하기 위해서 이제는 아시아인, 한국인으로서만 머물러서는 승

산이 없다. 한국에서 보고 배운 것들, 한국적 철학과 미국의 양식을 잘 조합해 내야 해.

두 문화를 완벽히 아는 사람만이 세계 무대 주인공이 될 수 있다. 미국 친구들 사귀면서도 그들에게 한국의 것을 알리는 노력도 하렴. 한국과 미국의 문화, 동양과 서양의 문화를 잘 융합하여 세계적인 리더로 나아갈 수 있기 바란다.

다시 한번 비의 공연을 자랑스럽게 생각하고 이를 통해 한국의 위상이 한층 높아지기를 바란다. 정말로 어려운 환경에서 공부하고 자라는 사람이 많다는 사실을 늘 명심하고 너희가 가진 것에 감사하도록 해라. 너희 같은 환경에서 공부를 게을리한다면 그건 중대한 하자에 해당한다. 알겠지?

일단 성적 잘 받고, 열심히 살자.

'큰 그릇'을 기대하며
2006년 2월 15일

아들아,

정월 대보름이 지났구나. 지난 일요일이 음력 1월 15일, 한국엔 큰 명절이라 떠들썩했단다. 이날 일 년 중 가장 큰 보름달이 뜨지. 달을 향해 소원을 빌며 한 해 일을 계획하는 때다.

사람들은 모두 나와 겨우내 움츠렸던 몸을 펴고 봄맞이 준비를 한단다. 쥐불놀이, 달집태우기, 줄다리기, 널뛰기 등이 이때 하는 전통놀이다. 이런 놀이는 새해의 풍년을 기원하는 의미가 있다. 이날만은 젊은이들도 공식적으로(?) 밤 외출이 허가된다는 걸 아니? 남녀가 유별했던 옛 선조들의 지혜가 아니었을까 생각해.

쥐불놀이, 달집태우기 등은 농경문화 풍습이다. 쥐불놀이는 주로 대보름 전날에 하는데, 농사에 피해를 주는 해충과 쥐를 잡으려는 목적이지. 깡통에 구멍을 뚫고 그 안에 마른 볏짚 같은 불씨 될 것을 넣어 빙빙 돌리다가 논밭을 향해 멀리 던지는 거야.

달집태우기란 나뭇가지나 마른 짚단을 쌓아 달집을 만든 후 불을 지르는 것인데, 달집이 타는 동안 사람들은 소원을 빌고 풍년을 기원했어. 달집이 잘 타오르면 그해는 풍년, 달집이 타다 마는 해는 흉

년을 예측하기도 했다.

  정월 대보름에 하는 큰 행사 중 하나는 오곡밥을 먹고 부럼을 깨는 거란다. 아들도 오곡밥을 먹을 수 있다면 좋겠구나. 부럼은 잣, 호두 같은 껍질이 단단한 과실을 이로 깨는 것으로 이를 튼튼히 하고 몸에 부스럼 나지 말라는 의미가 있단다. 옛날에는 종기나 부스럼으로 죽을 수도 있었거든. 아빠도 어릴 때 할머니 따라 강화도 집 뒷동산에 올라가 짚단에 불을 붙이고 보름달을 향해 소원을 빌던 기억이 있어. 아무쪼록 한 해가 시작되는 때이니 아들도 올해 계획한 일들이 좋은 결실 있도록 마음 다지는 시간을 갖기 바란다.

  할머니께서 아침에 오곡밥과 부럼을 준비하셔서 작은 아빠네와 아빠 엄마를 부르셨다. 함께 아침을 먹으며 정월 대보름을 보냈단다. 아침 식사 후 커피를 마시고 있는데 고모에게서 전화가 왔어. 고모네 아들이 스위스 은행에 취업이 되었다고, 연봉이 약 10만 달러 약 1억나 된다는 소식이다. 아직 대학교 3학년인데 벌써 취업이 되었다는 거야. 보통의 학사 출신 연봉을 크게 웃도는 액수라고 고모가 아주 들떠 있었어. 올여름에 홍콩 지점에서 인턴십을 하고 졸업 후엔 정식 채용이란다. 정초에 정말 기분 좋은 뉴스구나. 미리 유능한 인재를 확보하려는 세계적인 은행의 행보에도 놀랐고, 네 고종사촌의 이력에도 놀랐다. 경쟁률이 200 대 1이나 되었다는구나. 이력서를 통해서는 학생의 출신학교, 성적, 수상 이력, 운동 경력 등을 보고, 인터뷰에서는 세상을 보는 관점과 순발력 등 다양한 형태의 질문이 나왔다고 한다. 그 아이가 인터뷰를 아주 잘한 모양이야. 하여튼 집안의 경사다.

　아빠는 말이야, 자신이 가진 특별한 재능을 얼마나 성실하게 갈고 닦는지가 그 사람의 운명이 된다고 생각해. 그저 유전자처럼 갖고 태어나는 것이 아니란 말이지. 네 사촌의 재능은 사회에서 요구하는 것이 무엇인지 빨리 알아차리고 자신이 할 수 있는 노력을 해나간 데에 있단다. 우리 첫째, 둘째는 자연현상을 객관적으로 파악하고 분석하는 능력이 뛰어나지. 이공계 학문은 누적된 과거 지식을 바탕으로 새로운 것을 발견하거나 창조하는 것이므로 성장에 시간이 필요하고, 그 성과에 대한 보상도 길게 가는 특성이 있다. 그러니 성급히 성과를 내려 하지 말고 뚝심 있게 너의 길을 가 주기 바란다.
　네 사촌 일로 괜히 초조해할지 모르겠구나. 그럴 필요 없다! 인생은 각자의 속도대로 사는 것이거든. 아빠는 너희 형제를 생각할 때마다 대기만성大器晩成을 떠올리곤 해. 내 아들들이 큰 그릇될 날을 기쁘게 기다리마.

봄

2006년 3월 27일

    지난겨울은 유난히 추웠다. 말라가는 대나무 잎을 볼 때는 봄이 오지 않을 것 같더니 그래도 시간이 흘러 계절이 바뀌었구나. 3월이 되니 어김없이 땅속에서 새싹이 나오고 남쪽 지방에서는 매화가 피었다는 소식이 들린다.
    며칠 전에 춘분春分이 지났다. 그래서인지 봄기운이 완연해. 춘분春分은 우리나라 24절기 중 하나로 밤과 낮의 시간이 같은 날이란다. 하지夏至는 6월 22일경으로 여름을 예고하는 때지. 하지 때는 태양이 가장 북쪽까지 오르기 때문에 일 년 중 낮이 가장 길고, 밤이 가장 짧은 날이기도 하지. 가을을 알리는 추분秋分은 9월 말에 들고 밤낮의 길이가 같은 날이란다. 12월에는 동지冬至가 있어 겨울이 시작된다. 해가 가장 짧은 날이기도 하다.

    지난 일요일에는 막내와 함께 정원을 돌보며 봄맞이 준비를 했단다. 노랑, 보라, 하양 팬지꽃을 사다 심었어. 나무에 거름도 주고 메마른 땅에 물도 흠뻑 주었지. 정원 여기저기에는 이미 새싹이 솟아나 있기도 했다. 막내와 함께 감탄했단다. 봄을 어찌 알고 차가운 땅을 뚫고 나오는지, 생명이 참 신비롭구나.

　이맘때면 항상 가장 먼저 피어 봄을 알리는 미선나무도 변함없이 피었다. 미선나무 가지에 매달린 꽃들이 유난히 예뻐 보인다. 꽃잎마다 우리 아들들 모습이 아른거려서 그런가 보다.

　3월 말쯤, 봄방학에 맞춰 모두 집에 왔다 갈 때, 아빠가 너희에게 꼭 보고 가라고 일렀던 꽃이 바로 미선나무 꽃이란다. 조그마한 분홍색 꽃이 그렇게 예쁠 수가 없구나. 너희가 집을 떠올릴 때 이 분홍 꽃잎이 함께 그려지면 좋겠다. 미선나무 옆에 심은, 강화도 선산 옆에서 캐온 진달래도 분홍색 꽃망울을 곧 터뜨릴 태세다. 종일 막내와 정원에서 정말 즐거운 시간을 보냈다. 이제는 말도 잘 듣고 어른스러운 막내를 보며 '우리 아이들이 벌써 다 컸구나' 하는 생각을 다시 해봤다. 추위에 움츠렸던 마음 훌훌 털어내고 생기 충만한 봄을 만끽하기 바란다.

　아들들, 이 봄에 쓸쓸한 사람은 없는지 주변을 살피는 것도 잊지 말아라. 김춘수 시인의 시 '꽃'에서처럼 너희도 그들 옆에 다가가 꽃이 되어주렴. 아름다운 삶을 계획하기 바라며 유명한 봄 시 한 편 적어 보낸다.

해마다 봄이 되면

조병화

해마다 봄이 되면
어린 시절 그분의 말씀
항상 봄처럼 부지런해라
땅속에서, 땅 위에서
공중에서
생명을 만드는 쉼 없는 작업
지금 내가 어린 벗에게 다시 하는 말이
항상 봄처럼 부지런해라

해마다 봄이 되면
어린 시절 그분의 말씀
항상 봄처럼 꿈을 지녀라
보이는 곳에서
보이지 않는 곳에서
생명을 생명답게 키우는 꿈
봄은 피어나는 가슴

지금 내가 어린 벗에게 다시 하는 말이
항상 봄처럼 꿈을 지녀라

오, 해마다 봄이 되면
어린 시절 그분의 말씀
항상 봄처럼 새로워라
나뭇가지에서, 물 위에서, 둑에서
솟는 대지의 눈
지금 내가 어린 벗에게 다시 하는 말이
항상 봄처럼 새로워라.

마음
2006년 4월 2일

하버드대학은 전통적으로 경영학과 법학이 강세인 학교다. 그런데 요즘 이 대학 최고 인기 강좌가 심리학이라는구나. 샤하르 교수가 강의하는 '긍정심리학'으로 '마음을 통해 얻는 행복과 건강'이 강의 요지라 한다. 세상 사람의 관심이 물리적 출세보다 마음으로 바뀌나 보다. 뉴욕타임스 선정 베스트셀러 1위 도서도 《긍정의 힘》이다. 이 책도 '마음'의 힘이 얼마나 위대한지 설명하고 있단다.

최근에 KBS 방송에서도 '마음'을 특집으로 다룬 적이 있다. 마음에 따른 변화를 과학적으로 설명하고 또 사람들을 통해 실험을 진행하기도 했지. 마음먹기에 따라 뇌파가 달라지는 것을 보여주었다. 이는 바로 육체적 변화와 연결되고 결국은 그 사람의 행동 전반에 영향을 미친다는 내용이지. 사고방식은 물론 생활 태도, 자세까지 변화하는 것을 봤다. 이런 태도가 장시간 지속되어 한 인간의 운명이 된다는 거야. 아주 쉬운 일이고 또 아주 무서운 일이구나. 결국 자신의 운명은 자신의 생각으로부터 결정된다는 얘기다. "모든 일은 마음먹기 달렸다"는 한국 속담도 같은 맥락이지.

가끔 아빠도 너희들에게 비슷한 이야기를 했었다. 기억할지 모르겠다만. 인생은 자기가 내뱉은 말대로 되어간다고 했었지. 재밌다, 행복하다고 말하면 희한하게도 재밌고 행복한 일이 일어나고, 되는 일이 없다고 짜증을 부리면 잘 되어가던 일도 망가지고 만다. 네 말이 네 운명이 된다는 것을 명심하거라. 늘 좋은 말과 긍정적인 생각을 하도록!

얼마 전, 네가 동생에게 "아무리 학원 다녀도 마음먹지 않고 공부하면 소용 없다"라고 하는 것을 들었다. 짜식…. '내 아들이 다 컸구나' 하는 생각을 했더란다. 의젓하게 자라주어 고맙다.

아빠가 옛날에, 전공을 바꾸어 미국 대학으로 유학 갈 때 말이야. 그때 무모하다고 말리는 사람들이 참 많았다. 그러나 아빠는 내가 하고 싶은 공부를 하기로 마음먹었고, 그대로 밀고 나갔지. 그때의 결정이 아니었다면 공대 교수가 되어 있지 못했을 거 아니니? 음허허.

'마음'은 하루에도 몇 번씩 색깔을 바꾼다. 행복, 기쁨, 분노, 절망, 평안, 희망, 질투…. 텔레비전 채널 바꾸기보다 쉽게 변하는 게 마음이구나. 아들, 마음 다잡고 큰 뜻을 이룰 때까지 정진하기 바란다.

보고 싶구나…. 건강하고. 잘 지내라.

3부

쓴맛을 봐야 단맛의 귀중함을 알듯이 고난을 극복한 사람만이
진정한 삶의 가치를 알게 될 것이다.

야생의 들판을 달려갈 아들에게

2006년 4월 16일

오늘은 아들과 진화론을 얘기해 보려 한다. 학문적 논쟁을 하려는 게 아니라, 생활 습관과 인체 생리작용이 어떻게 관련되어 있고 어떤 영향을 미치는지 아들이 좀 알았으면 해서.

미국의 생물학자 도브잔스키Theodosius Dobzhansky는 이런 말을 했다. "진화에 비추어 보지 않으면, 생물학의 어떤 것도 조리에 닿지 않는다"라고. 우리의 몸과 뇌의 반응 방식을 35억 년 동안 진화해 온 생물체의 관점으로 접근하는 이론이야. 그는 유전적 변이와 자연선택이 인간의 진화를 주도해 왔다고 주장하지.

우리의 생활 습관은 진화의 관점으로 이해되는 것들이 많아.

도브잔스키의 이론에 비추어 비만과 굶주림의 관계를 살펴보자. 비만은 현대인들이 건강을 얘기할 때 빠지지 않는 관심사 중 하나다. 살을 빼기 위해 무턱대고 굶는 사람도 많아. 그런데 비만을 진화론으로 이해하면 굶는 게 능사가 아닌 걸 알 수 있겠다.

수백만 년, 인류가 생존해 오는 동안 양식이 부족해 굶주림에 시달린 시기가 여러 차례 있었다. 우리 몸은 굶주림의 시기에 대비하여 양식을 지방세포 형태로 몸 안에 저장하도록 진화해 온 것이지. 그래서 몸무게를 줄인다고 밥을 안 먹거나 턱없이 식사량을 줄이면 우리 몸은 굶주림의 시기가 온 것으로 알고 더욱 저장에 신경을 쓰게 된단다. 몸은 신진대사를 줄이며 동시에 뇌로 신호를 보내 피로감을 느끼도록 하지. 식량이 떨어졌으니 쉬도록 몸이 작동하는 것이지. 배가 고플 때 졸린 경험이 있지? 바로 그런 이유다. 졸면서 하는 공부가 잘될 리 없을 테고. 살 빼려고 굶었는데 역효과가 날 수도 있단다. 균형 잡힌 몸과 좋은 성적을 위해서라도 규칙적이며 적당한 양의 식사는 무엇보다 중요하다. 어떤 핑계로도 함부로 굶지 않도록 해라.

사람들이 한 번 재미를 느끼면 평생 빠져드는 것 중에 골프가 있지. 사람들이 골프를 좋아하는 이유도 진화론으로 설명할 수 있다는구나. 인간은 500만~700만 년 전 침팬지로부터 갈라진 후 동아프리카 초원을 누비며 살다가 약 10만 년 전, 초원을 떠나 이동하기 시작했단다. 이동을 시작한 이유는 여러 가지가 있어. 자연재해로 식량이 부족해졌거나 생존을 위해 더욱 안전한 지역을 찾아야 했던 거야. 인구 증가로 더 이상 한 곳에 머물 수 없게 되었을지도 모르지. 어쨌든 사람들이 골프에 열광하는 이유가 이 원시 초원을 그리워하기 때문이라는 거야. 듣고 보니 재밌더구나.

오래전부터 인간의 사내들은 사냥하며 살았다. 사냥은 식량을 구하는 수단이었지만, 자신의 종족을 유지하고 보호하려는 목적도 있었다. 사냥을 잘하는 사내는 종족의 수장이 되었지. 강한 사내가 살아남았던 거다. 사냥의 시대는 지나갔지만, 현대사회도 여전히 약육강식의 전쟁터란다. 아들아, 사내가 자기 영역가족을 지켜내기 위해서는 강해져야 한다.

사람의 뇌는 다른 동물과 달리 그 용량이 매우 크단다. 신생아가 머리를 가누기까지는 여러 달이 걸리지. 대용량의 뇌는 인간의 인지능력에 영향을 미쳐서 다른 동물들의 인지능력과 월등한 대조를 보인다. 인지능력의 진화는 인간을 사회적 문화적으로 발전하게 했지. 시각의 발달도 인지능력 진화의 결과라 한다. 즉, 우리의 뇌는 시각적으로 수집한 정보를 계속해서 저장하고 처리해 나갔던 거야.

인간의 뇌는 마른 스펀지와 같아 정보를 끝없이 받아들일 수 있고, 새로운 것을 창조하는 능력마저 갖추고 있다. 네가 노력만 한다면 너의 뇌는 세상 모든 지식을 저장할 수도 있어. 부담 주려고 한 얘기는 아니다. 인간의 행동 양식이 최근에 진화론적 관점에서 해석되고 있어. 아들! 전공과목에만 매달리지 말고 두루 인문학적 소양도 키워가기 바란다.

아빠가 욕심이 많구나. 사랑한다.

쓴맛을 봐야 단맛의 귀중함을 안다

2006년 7월 5일(시카고행 비행기에서)

　아빠는 대학을 졸업하고 나름대로 열심히 공부하여 연구소에서도 일하고 지금은 대학에서 학생들을 가르치는 교수로서, 우리나라에서 가장 유능한 인재들과 함께 일하고 있다. 그들 대부분은 명문 대학 출신으로 자신을 최고라 여기는 사람들이다. 그렇지만 제삼자인 아빠 또는 다른 학교 출신이 그들을 볼 때는 아집이 강하며 타협을 모르는, 잘난 척하는 집단으로 보이기도 한다. 그들은 능력보다 인간관계에서 손해를 보는 경우가 많아.

　살아보니 일사천리로 순탄하게만 산 인생에서는 배울 게 많지 않더구나. 그리 사는 게 가능하지도 않은 것이 인생이고. 쓰다, 달다 등의 미감을 인생에 비유해서 쓰는 경우가 많다. 혀는 단맛, 쓴맛, 짠맛, 신맛을 느낄 수 있다. 쓴맛은 혀의 안쪽에서, 단맛은 혀끝에서, 신맛은 혀 양쪽에서, 짠맛은 혀 전체에서 느끼며, 사람들은 어린 아이 때부터 이미 단맛을 가장 선호한다. 신맛을 즐기는 사람도 있고, 때론 짠맛에 기분이 좋아지기도 한다. 그러나 쓴맛을 좋아하는 사람은 별로 없다.

그렇지만 맛 전문가들은 쓴맛을 잘 다뤄야 음식 맛이 살아난다고 해. 쓴맛은 입안을 깔끔하게 하고, 입맛을 제대로 느낄 수 있도록 하기 때문이란다. 더구나 쓴맛을 내는 음식이나 약에는 의외로 몸에 좋은 영양소가 들어 있다. 봄나물 중에 쓴맛을 내는 것들은 원기를 돋우고 간장을 해독해 준다. 간이 상한 이들에게 매우 좋겠지. 쓴 음식이 몸에 좋은 예다.

사람 사는 것도 이와 비슷하다. 기분이 좋으면 누구나 '친절한 금자씨'가 될 수 있지만, 쓴맛을 경험하는 순간 그 사람 본래의 인품을 알게 된다. 인생도 마찬가지다. 쓴맛을 아는 사람이 단맛의 진정한 의미를 안단다. 인생을 깊이 이해하기 위해서는 쓴맛의 시간을 보내봐야 한다.

모든 사람이 내게 친절할 수 없고 모든 사람을 친절하게 대할 수 없으며, 모든 사람이 나를 좋아하지 않을 뿐만 아니라 자신 역시 모든 사람을 좋아할 수는 없다. 쓴맛을 봐야 단맛의 귀중함을 알듯이 고난을 극복한 사람만이 진정한 삶의 가치를 알게 될 것이다. 어려움이 닥쳤을 때, 쓴맛에 대한 두려움보다 기대감을 갖는 게 현명한 사람의 자세다.

아들아, 인생은 멀리 보고 가는 길이다. 눈앞에 닥치는 어려움이 있더라도 큰 걸음으로 앞으로 나아가거라.

아빠는 팔불출

2006년 7월 8일 (시카고에서)

    세상에 어리석은 녀석을 우리는 팔불출이라고 부른다. 그런데 오늘은 내가 팔불출이 되어 마구마구 자랑하고 싶구나.
    팔불출은 원래 여덟 달 만에 미숙아로 태어난 사람을 일컫는 말로, 현명하다면 하지 말아야 할, 자랑을 늘어놓는 자를 빗대어서 하는 말이다. 그 첫 번째가 저 잘났다고 뽐내는 놈, 두 번째가 마누라 자랑이고, 세 번째가 자식 자랑이라고 한다. 네 번째는 선조와 아비 자랑을 일삼는 놈이고, 다섯 번째는 형제 자랑이고, 여섯 번째는 어느 학교의 누구 후배라고 자랑하는 일이며, 일곱째는 제가 태어난 고장이 어디라고 우쭐해하는 놈이라고들 하지.

    내가 우선 팔불출이라 하고 자랑을 시작해 보겠다.
    나 자신 성장기까지는 힘없는 소심한 아이라고 스스로 생각했지만 그래도 학급에서 뽑아주는 반장 자리를 꽤 오래 할 정도였고, 대학은 비록 실패했으나 계두우미 鷄頭牛未. 소의 꼬리보다 닭의 머리가 낫다는 뜻의 정신으로 열심히 공부해 친구들 중 제일 먼저 유학 가서 박사학위 받고 교수로 살고 있으며, 가정에 충실하고 가족들에게 최선을 다하려 노력하는 낭만파 아빠가 아닌가.

　엄마의 자랑, 너무너무 많아 뭐부터 할까 생각하게 하네. 우선 미인이고 상냥하며 모든 일에 최선을 다하는 사람이지. 아내로, 엄마로 항상 희생할 자세를 지닌 사람이고. 어른을 공경하며 모실 줄 아는 며느리로서 부족함이 전혀 없는 아빠와 궁합이 잘 맞는 엄마가 아닌가.

　아들들을 자랑하려니 끝이 없네. 우선 첫째 아들, 183cm의 키에 잘생긴 외모와 더불어 노래와 미술에 탁월한 소질을 갖고 태어났으며, 지금 그 유명한 University of Illinois at Urbana Champaign에서 전국 3위에 있는 기계공학을 전공하고 더욱이 Dean's list대학우등생 명단에까지 들어가는 쾌거를 이룬 장본인 아닌가. 여기 시카고에 와서 인턴을 하며 일을 너무 잘해 지도 교수로부터 칭찬이 대단해 내 어찌 자랑하지 않을 수 있겠나.

　둘째 아들의 외모야 장동건과 원빈의 잘난 곳만 빼어 만든 듯 수려한 얼굴과 몸매를 자랑하고, 과학과 수학에 천재성을 지닌 마음씨 선한 귀공자 아닌가. 그리고 미국 내 10대 대학에 들어가는 그 유명한 퍼듀대학교에서 생물학Biology을 전공하는데 글쎄 학점이 하나 빼고 All A가 아닌가. 게다가 자신 있게 미국 애들도 어렵다는 의사에 도전하고 있으니 내 어찌 자랑하지 않을 수 있겠나.

　막내아들! 이건 하나님의 축복으로 태어난 귀염둥이지. 외모! 벌써 아빠 키를 넘어서 180cm에 다가서고 있으며 몸은 어떤 옷을 걸쳐도 어울리는 최상의 멋쟁이 아닌가. 미국 학교 생활 일 년 만에 ESL English as a Second Language을 혼자 통과해, 우등생이 되었고, 운동을 아주 잘해 학교에서도 최고 인기남이라니 신나는 일 아닌가. 친구도 잘 사귀고 주변 사람들을 즐겁게 해주는 소질이 있으니 내 어찌 자랑하지 않을 수 있겠나.

다음 자랑은 그냥 한꺼번에 해야겠다. 우리 집안을 돌이켜보면 정말 신문에 나올 만한 인적 구성을 하고 있지 않은가. 우선 너희 할아버지께서는 1950년대에 미국으로 유학해 위스콘신대학에서 박사학위를 받은 후, 국가에 공헌하고 교수로 오래 재직하며 훌륭한 일을 많이 하신 분이니 내 어찌 자랑하지 않을 수 있겠나.

너희 할머니는 인자한 성품과 많은 독서를 통해 얻은 해박한 지식으로 우리에게 현명하게 사는 길을 인도해 주신 분이니 내 어찌 자랑하지 않을 수 있겠나.

돌아가신 너희 외할아버지는 통찰력과 자제력이 뛰어나 경제적으로 성공을 이루셨으며, 부모에게 극진히 효도하고, 형제와의 우의를 강조하며 몸소 실천하신 훌륭한 분이다. 너희가 항상 감사하는 마음을 가져야만 하는 분이니 내 어찌 자랑하지 않을 수 있겠나.

너희 외할머니는 희생정신이 매우 강하셔서 항상 남을 배려하는 게 몸에 밴 분으로, 매우 인간적이며 부지런하시고 생활력이 강한 분이다. 이렇게 멋진 분이니 내 어찌 자랑하지 않을 수 있겠나.

너희들 고모 역시 대단한 생활력과 교육열을 지녀 자식들 잘 키우고 본인도 작가로 등단할 정도로 자기 계발에 열심이고, 너희 고모부도 인정받는 교수요, 가정에 충실한 훌륭한 사람이니 내 어찌 자랑하지 않을 수 있겠나. 너희 작은 아빠네 가족도 자랑하기에 손색없는 대단한 가정이지. 일단 의사로 성공했고, 작은 엄마도 가정에 충실하며 아이들 키우는 데 최선을 다하고 계시니 내 어찌 자랑하지 않을 수 있겠나.

이 정도로 아빠의 팔불출을 줄이도록 하겠다. 정말 자랑할 만한 우리 집안이 아닌가. 효도하는 마음, 나눔과 배려 그리고 배움에 대한 열정이 우리 집안을 이끌어온 정신이라고 생각해, 이제 아들들이 그 뒤를 이을 차례다. 부디 자부심을 갖고 열심히 살아가길 바란다.

우보천리 牛步千里
2006년 7월 14일 (시카고에서)

띠를 이야기하는 12간지는 자子, 쥐, 축丑, 소, 인寅, 호랑이, 묘卯, 토끼, 진辰, 용, 사巳, 뱀, 오午, 말, 미未, 양, 신申, 원숭이, 유酉, 닭, 술戌, 개, 해亥, 돼지로, 모두 동물 상징을 쓰고 있다. 유래는 여러 가지 설이 있으나 가장 일반적으로 많이 알려진 이야기를 들려주려 한다.

아득한 옛날에 하나님이 뭇 짐승들을 모아 놓고, "정월 초하룻날 아침 나한테 세배하러 와라. 빨리 오면 1등 상을 주고 12등까지는 입상하기로 한다" 하고 말했다. 달리기 경주에 자신이 없는 소는 말이나 개나 호랑이에게는 어림도 없고, 돼지나 토끼에게도 이길 가망이 없다고 느꼈다. 그래서 소는, 자기는 워낙 느리니까 남보다 일찍 출발해야겠다고 생각하여, 남들이 다 잠든 그믐날 밤에 길을 떠났다. 눈치가 빠른 쥐가 이것을 보고 잽싸게 소 등에 올라탔다. 드디어 소는 동이 틀 무렵에 하느님 궁전 앞에 도착했다. 문이 열리는 순간, 쥐가 재빨리 한 발 앞으로 뛰어내려 소보다 먼저 문안에 들어와 소를 제치고 1등이 되었다. 천 리를 쉬지 않고 달린 호랑이는 3등이 되었고, 달리기라면 자신이 있었던 토끼는 도중에 낮잠을 자는 바람에 4등이 되었다. 그 뒤를 이어 용, 뱀, 양, 원숭이, 닭, 개, 돼지가 차례로 골인했다는 이야기이다.

우리 식구들 띠를 보면 각자의 성격들이 해당 동물의 특성과 매우 비슷한 거 같아. 시카고에서 첫째와 함께 있을 때, 아빠는 우보천리를 떠올렸거든. 천천히 걷지만 가장 먼저 천 리 길을 달려온 소걸음을 의미하는 말이 우보천리다.

첫째의 우보를 한번 볼까? 첫째는 노스웨스턴 대학병원에 속해 있는 RIT_{Rehabilitation Institute of Technology} 연구소로 가게 되었다. 그곳은 동작 장애가 있는 사람들의 재활을 위한 연구가 세계에서 가장 활발하게 이루어지는 곳이다. 첫째는 재활을 위한 로봇을 제작하는 팀에서 인턴으로 일하고 있다. 이곳 교수님들을 만나 얘기하다가 첫째 재능이 바로 설계, 제작에 있다는 사실을 알게 되었다. 교수님들이 칭찬을 아끼지 않으셨다. 일을 열심히 잘해 주어 급여도 지급하겠다는 약속도 했다. 매우 고무적인 일이라 아빠로서 정말 기뻤다.

첫째가 하는 일은 천천히 생각한 후 지시에 따라 설계도면을 컴퓨터로 그려내는 작업이다. 여러 종류 기계의 조립이나 원리에 관심이 많던 첫째에게는 안성맞춤인 임무라 생각된다. 첫째가 소처럼 쉬지 않고 걸어온 결과로 여겨진다. 바로 우보천리지. 늦었다고 생각하지 말고 앞으로도 우직하게 네 길을 가기 바란다. 첫째야.

사람은 누구나 나름대로 장점과 남보다 잘할 수 있는 능력 한 가지씩을 하나님으로부터 부여받고 태어난다고 아빠는 믿는다. 오늘은 첫째 얘기만 했지만 둘째도 막내도 새겨듣기 바란다. 우보천리를 생각하며 어떤 문제든, 급한 마음보다 꾸준한 자세로 뚜벅뚜벅 걷자. 새벽이 올 때까지!

함께 즐기던 드라마
2006년 8월 23일

　아빠, 오늘 '주몽'하는 날이지? 우리 집에 빨리 가자.
　어! 너 왜 일찍 들어왔니? 응, 집에서 '주몽' 보려고.
　막내야, '주몽' 보면서 우리 라면 끓여 먹자.

　석 달 동안 우리 가족을 한자리에 모이게 한 드라마 '주몽'을 오늘은 엄마, 아빠 둘이서만 보며 쓸쓸한 마음에 몇 자 적어 본다.
　'주몽'은 최근에 방영되는 드라마 중에서 시청률 최고를 달리는 인기 사극이다. 이 드라마는 고구려 시조 주몽과 소서노의 꿈과 사랑을 그린다. 역사적인 사실을 바탕으로 한 가공된 내용이다.
　'주몽'이 인기를 끄는 이유를 나름대로 생각해 보면 다음과 같다.
　첫째, 사극이면서도 현대 드라마 요소인 사랑과 호쾌한 액션을 가미해 볼거리를 제공하므로 나이나 지식에 상관없이 모든 계층의 사랑을 받는다.
　둘째, 막연하게 알고 있던 고구려의 역사를 살려내 국민적 자긍심을 끌어내고 있는 점이다. 만주에 우리 민족 고구려라는 대제국이 있었다는 사실을 구체화하고 있다. 특히 중국에서 고구려의 역사를 중국 역사의 일부로, 자기들의 선조가 세운 국가로 조작하고 있는 상황에서 시청자들의 관심을 끌기에 충분한 소재다.

셋째, 화려한 스타급 연기자들의 포진과 조연들의 감초 연기가 재미를 추가하고 있다. 특히 민족 독립투사로서의 해모수, 무협지에서나 나올 법한 무술의 경지에 박수를 보내고 있으며, 하백을 통한 상단의 역할도 신선한 느낌을 더해 준다.

넷째, 주몽과 경쟁하는 주변 인물을 강하게 설정하여 이를 이겨나가는 노력에 찬사를 보내게 하고, 두 사람이 사랑하는 여인을 주변에 두어 멜로적 분위기를 연출한 점이다.

우리 식구가 좋아하는 '주몽'의 인기 비결을 적어 봤다. 간식을 먹으며 너희와 함께 드라마를 보는 시간은 엄마 아빠에게는 정말로 큰 즐거움이었어. 떠들며 웃으며 보던 드라마를 둘이 조용히 보고 있으니 정말 재미가 없네. 그래서 그런지 엄마 아빠는 보면서 졸면서 그렇게 어제오늘 '주몽'을 보았단다. 가족이 함께 사는 즐거움이 얼마나 소중한지 생각했단다.

또 새 학년 시작이다. 열심히 해서 모자라는 5%를 채우는 노력을 해주기 부탁한다. 둘째도 장학금을 받게 된다니 아빠, 엄마는 행복하다. 건강해라.

아름답게 핀 부레옥잠

2006년 8월 26일

　지난주의 피곤함으로 인하여 토요일인 오늘은 한가하게 시간을 보내는 중이다. 점심 식사를 끝내고 어슬렁어슬렁 정원으로 나갔지. 그런데 새벽에 커튼을 걷을 때도 보이지 않던 부레옥잠이 활짝 피어 있구나. 그 자태가 얼마나 아름다운지, 아들과 함께 보고 싶어졌단다. 나를 반기는 듯한 부레옥잠으로 단숨에 피로가 가시면서 기분이 좋아졌어. 부레옥잠 사진을 동봉한다.
　우리 집 뒤쪽 정원으로 향한 거실 커튼을 걷으면 병풍을 친 듯 대나무가 늘어서 있고 보라색, 흰색 등 참으로 알록달록한 꽃이 어우러진 꽃밭이 보여. 정원에는 청동으로 주조한 예쁜 아기 천사까지 앉아서 웃고 있지. 정원을 바라보며 앉아 있으면 마음이 그렇게 편안할 수가 없다. 창 바로 아래에는 큰 항아리 뚜껑을 뒤집어 놓고 물을 채워서는, 길게 자라는 물풀과 개구리밥, 부평초, 부레옥잠을 띄워 놓았다. 자그마한 연못 기분을 내기에 부족함이 없단다. 도시에서 이런 정원을 누릴 수 있는 집이라니 참으로 호사스럽다는 생각도 든다.
　오늘 아침에 갓 핀 꽃을 뽐내고 있는 부레옥잠water hyacinth은 물에 둥둥 떠다니며 자라는 부유식물로 수염 같은 잔뿌리가 있어 수분과 양분을 빨아들인다. 잎은 달걀 모양으로 윤기 있는 밝은 녹색이다. 부레옥잠이 물에 떠 있을 수 있는 비밀은 잎자루에 있다. 부레옥잠의 잎자루는 공 모양으로 둥글게 부풀어 거기에 공기를 저장한단다. 그래서 항상 물 위에 떠 있을 수 있다. 부레옥잠은 연꽃의 종류란다. 꽃은 연한 보라와 흰색으로 사진과 같이 소박하면서도 화려해 고상한 느낌을 준다.

정원에 때맞춰 피어나는 꽃으로 인해 계절이 변하는 걸 느끼며 사는구나. 이른 봄부터 피기 시작한 진달래, 개나리, 철쭉, 팬지 등이 지면 봄이 갔다는 뜻이다. 그 자리에 녹음이 짙어지고 능소화, 봉숭아, 무궁화, 인동초 등이 피어나면 여름이 오는 것이지. 그동안 자그마하게 피던 부레옥잠 꽃이 올해에는 유난히 화려하게 여러 개가 동시에 피어나 아빠를 기분 좋게 하는구나. 우리 집안에 좋은 일이 여럿 생기려나 은근히 기대하게 되네.

식물이 이리 고운 꽃을 피우기 위해서 겨울이라는 척박한 환경을 이겨 왔다는 생각이 드는구나. 우리 아들들도 유학이라는 힘든 여정을 잘 이겨내서 아름다운 꽃을 피울 수 있기를 진심으로 바란다.

항상 최선을 다하고, 건강해라.

* 이 글을 쓰고 3시간쯤 지나서 소나기가 왔는데, 글쎄 아름답던 꽃이 엉망이 되어버렸구나. 사진으로 보관해 놓기를 잘했다는 생각이 들며 기록의 소중함을 느꼈단다.

바다 이야기
2006년 9월 1일

 요즈음 우리나라는 '바다 이야기' 사건으로 떠들썩하다. 횟집 이야기거나 낭만적인 어떤 이야기 같지만 실은 도박하는 곳이란다. 국가를 병들게 하는 사행성 도박장을 정부에서 편의점보다 많이, 전국적으로 허가해 준 사실이 드러나서 온 국민이 분노를 터뜨리고 있지. 뉴스를 들으면서 도박의 중독성을 생각해 봤다.

 인간은 약한 존재라 본능적으로 편한 것과 쾌락을 추구하게 되어 있다. 그러니 마음이 강직하지 못한 사람은 쉽게 도박, 마약, 섹스, 게임 등에 빠져 헤어나지 못하는 수가 있다. 중독되어 버리는 거지. 중독이란 뇌의 쾌락 조절 장치에 이상이 생겨 통제력을 상실한 것을 말한다. 마약, 게임, 도박, 쇼핑, 담배 등은 특히 중독성이 강한 것들이라 한 번 빠지면 헤어나기 어려운 것이란다. 여기에 빠진 사람은 점점 더 강한 자극을 원하게 되고 이에 만족하지 못하면 우울증에 걸리거나 정상적인 사회생활이 불가능한 상태로 발전하게 된다.
 한편, 중독이 늘 부정적으로 사용되는 것은 아니다. 학문이나 사회봉사를 통해 자기완성에 도달하려는 사람도 세상에는 많이 있다.

그들의 중독은 아주 바람직하지. 이런저런 사람들로 인해 사회가 균형을 이루고 있는지도 모르겠다.

  사람의 내적인 분류를 두 가지로 나누어서 설명하는 심리학자가 있다. 과거에 집착하는 형과 미래를 개척하는 형이라는구나. 대부분의 사람은 두 가지 성질을 모두 갖고 있다. 그러나 발전적인 사람들은 미래 개척 성향이 강한 사람들이란다. 얘기가 길게 돌아왔는데 말이다. 과거에 집착하는 사람일수록 중독에 쉽게 빠진다고 한다.
  가령, 도박을 처음 시작한 사람이 있다고 치자. 처음에 그는 작은 판에서 게임을 시작하겠지. 배우는 재미도 있고, 조금씩 따기도 하고 잃기도 하면서 소소한 즐거움을 맛보는 거야. 그러는 동안 판돈은 점점 커지지. 그러다 어느 순간 큰돈을 잃게 되면 그때부터 본전 생각에 빠지는 거야. 억울하기도 하고, 과거 돈을 땄을 때의 즐거움에 집착해서 헤어나지 못하는 거야. 돈을 다 잃은 그는 이제 남의 돈까지 빌려서 도박판으로 달려가게 되고 상황은 악화일로로 치닫는다. 본인은 물론 가정까지 풍비박산 나는 건 시간문제지. 과거에 발목 잡힌 과거 집착형 인간의 결과다.
  아들들아, 살다 보면 후회막급한 실수도 할 수 있고, 두고두고 되새기고 싶은 즐거운 일도 있지 않겠느냐. 그러나 지나간 일에 너희 시간을 매몰시키지 말기 바란다. 실수는 반성하고, 실수를 통해 뭔가를 배웠다면 그것으로 족하다. 좋은 일은 크게 드러내지 않도록 하고, 그럴수록 주변을 살피는 넉넉함을 갖기 바란다. 단순히 성적을 잘 받았을 때라도 그렇지 못한 친구를 살피는 마음이 있어야 한다. 그런 마음으로 자신의 앞길을 개척해나가기 바란다.

눈을 크게 떠라. Think Big!

2006년 9월 17일

  둘째가 떠난 지 한 달이 되어가는구나. 벌써 이리 보고 싶으니 걷잡을 수 없이 커갈 그리움을 어떻게 다스려야 할지 앞일이 걱정이다.
  미국에서의 성공이란 무엇일까, 또한 얼마나 어려운 일인가 생각해 봤다. 세간에 '말은 제주도로, 사람은 서울로 보내라'라는 말이 있다. 세상이 바뀌었으니 이제 사람은 미국으로 보내라는 말이 어울리지 싶다. 교육과 문화, 예술의 중심이 미국 아니겠니. 또한 세계에서 유일하게 자유경쟁이 무한히 허용된 나라이기도 하고. 내 아들이 그 속에 있다니 생각만 해도 가슴 벅차고 자랑스럽다!

  현재 미국에 유학하는 한국인 학생 수는 중국, 인도에 이어 3위라고 한다. 아메리칸 드림을 안고 미국 유학 중인 한국 사람은 공식 집계로 5만 2천 명 정도라는데 현실은 이보다 훨씬 많을 것이다. 낯선 나라, 외양도 다른 사람들 사이에서 적응하고 따라가자면 어려움이 많을 것이다만, 내 아들이니 잘 해낼 것으로 믿는다!
  성공의 조건이 여러 가지가 있겠으나 아빠가 특별히 아들에게 하고 싶은 말이 있구나. 인내와 근면과 열정을 버리지 말거라. 학문에 대한 호기심과 사물을 새롭게 이해하려는 창조적 안목을 늘 유지하거라. 그런 정신으로 학업에 정진하다 보면 어느 날 우뚝 성장한 자신을 보게 될 것이다.

좋은 환경에서 나고 자란 것에 감사하며 살기 바란다. 그렇지 못한 사람들을 위해 나누는 마음도 가져야 해. 나눔을 항상 마음에 새기고 너의 사회적 책무라 여기거라. 많은 돈을 벌고 크게 성취한 사람이 자신만을 위해 부와 능력을 사용한다면 그보다 더한 졸자가 없다!
아빠의 생각을 대신한 훌륭한 분들이 있구나. 월스트리트에서 가장 성공한 한국인으로 꼽히는 세계적인 은행가 김도우는 "세계 무대에서 활동하려면 크게 생각해야 한다 Think big!"라고 했고, 세계를 변화시킨 100인에 든 하버드 의대 김광수 교수는 "사회 정의를 위해 일하라는 어머니의 가르침이 성공 비결"이었다고 회상했다.

할아버지 얘길 잠깐 하마.
당시는 개인이 유학하는 게 쉽지 않은 때이기도 했어. 할아버지는 유학 후 귀국하여 한국의 과학 발전을 위해 공헌하신 분이다. 방사선을 이용한 육종학 분야의 세계적인 권위자시고, 한국원자력연구소에서 오랫동안 일하시다 훗날 경희대로 오셔서 학생들을 가르치셨단다.
할아버지를 자랑스럽게 생각하렴. 작금 내 아들까지 미국 유학생이라니 아빠는 참으로 든든하구나. 할아버지의 대를 이어 국가와 사회에 공헌하는 인재가 되어주기 바란다. 아무래도 집안에 호학好學 유전자가 있는 모양이야. 하하하. 안 그러냐?

   건강해라, 내 아들.

대학 입시 면접을 마치고
2006년 10월 1일

어제 경희대학교 수시 입시 면접을 하며 느낀 점을 적어본다.

우리나라 대학 수시 입시는 미국의 조기 지원에 해당한다. 정시에 한꺼번에 신입생을 뽑는 것이 아니라 상황에 따라 들어올 학생을 미리 선발하는 방식이다. 이번 수시 대상자는 부모가 외교관, 외국 지사 근무 등의 이유로 외국에서 공부하다가 한국 대학에 지원하는 학생들이다. 아빠도 면접 교수로 참여해서 학생들에게 질문하고 평가하는 일을 했다. 우리 아들과 비슷한 나이의 학생들을 보면서 너희들 생각을 많이 했다.

나의 질문은, 보통 학생이 평소에 신문이나 뉴스를 통해 알고 있고 본인들의 의견을 갖추고 있을 만한 지식재산권, 사행성 도박 '바다 이야기', 독도 문제, 연예인이 갖추어야 할 윤리 등에 관한 것이었다. 점수는 아래와 같은 기준으로 주었다.

1. 질문에 대한 이해: 많은 학생이 질문을 정확하게 이해하지 못하고, 주제에서 벗어나는 경우가 많더라. 항상 답을 말하기 전에 질문자의 의도를 파악하는 노력을 해야 한다.

2. 사전 지식의 정도: 질문의 배경에 깔린 구체적인 지식을 얼마나 알고 있느냐 하는 건 점수를 매기는 중요한 척도다. 자세한 내용을 모른다면 비슷한 비유를 통해, 또는 반대 지식을 활용하여 지혜롭게 대답할 필요가 있다. 현재 본인이 알고 있는 지식을 총동원하는 적극적인 자세가 필요하다.
3. 자신의 의견: 면접에 나서는 교수들은 주어진 질문에 대한 일반적인 지식 이외에 지원자의 개인적 의견을 묻기도 한다. 이때 혹시 틀릴까 하는 두려움으로 쭈뼛거리기보다 자신감 있는 태도로 대답하는 게 좋다.
4. 논리적인 표현: 사전 지식과 의견을 서론, 본론, 결론으로 나누어 조리 있게 표현하여 상대방을 이해시키는 노력이 중요하다.
5. 반듯한 자세: 발음의 정확성과 말투, 소리의 높낮이, 말의 속도 등 표현을 알아듣기 쉽게 해야 하며 반드시 주어, 동사, 보어, 목적어 등이 갖추어진 문장을 사용해야 한다.
6. 적절한 비유의 활용: 표현하기 어려운 경우에는 적절한 비유나 이야기를 통해 설명하는 것도 좋은 방법이다.

너희도 여러 사람 앞에서 발표할 기회가 많을 것이다. 인터뷰 등의 기회도 있을 테고. 그때 위에 설명한 내용을 참고하면 좋겠다는 마음으로 적어보았다.
항상 최선을 다하는 아들들이 되기를 바란다.

달 따러 가자!

2006년 10월 8일

얘들아 나오너라 달 따러 가자
장대 들고 망태 메고 뒷동산으로
뒷동산에 올라가 무등을 타고
장대로 달을 따서 망태에 담자

가을로 접어들어 날씨가 선선해지니 미국에 떨어져 열심히 살아가는 아들들이 그립구나. 추석 명절한가위에 다 같이 모여 차례를 지내며 밤새 수다 떠는 시간을 가져야 하는데! 이맘때 어린 너희들과 함께 불렀던 '달 따러 가자'라는 동요가 생각나 큰 소리로 불러 보았다.

추석은 음력 8월 15일로 다른 말로 한가위라고도 한다. 한가위는 '크다'는 뜻의 '한'과 '가운데'라는 뜻의 '가위'가 합쳐진 우리말이다. 양력태양력으로는 9월 말이나 10월 초에 해당한다. 과일은 먹기 좋게 익었고, 곡식은 추수하여 먹을 게 풍부하고, 연중 날씨도 가장 좋은 시기라 모든 사람이 넉넉히 즐길 수 있는 때다. 일 년 동안의 농사로 거두어들인 수확에 대한 감사를 신과 자연 그리고 조상에게 드리고, 즐거운 놀이로 가족과 친지들 사이의 유대를 강화하는 우리의 전통 명절이란다. 미국의 추수 감사절과 같은 의미의 명절이다. 너희들에게 추석 분위기가 전달되면 좋겠다.

  차례상에는 엄마가 정성스럽게 준비한 음식이 올랐다. 너희들이 항상 즐겨 먹던 빈대떡, 편육, 산적, 갈비찜과 색이 고운 과일들, 연시, 사과, 포도, 배 등을 보니 아들들 생각이 간절하다. 특히 비행기 타기 직전까지 차례를 돕던 막내를 어른들이 모두 칭찬했단다. 할아버지, 할머니는 물론이고 작은 아빠 엄마까지도 말이다. 대견하고 의젓한 모습 그립구나!

  정원의 나무에 단풍이 들기 시작하고, 나뭇잎도 조금씩 떨어지기 시작했어. 여름에 피었던 꽃들은 다 시들어 세월이 가는 것을 느끼게 하는구나. 봄에 일찍 싹을 틔우던 식물들은 진즉 다 시들었네. 그러고 보니 너무 일찍 꽃필 필요가 없는지도 모르겠다. 여름이 다 되어 꽃을 피운 식물은 가을바람 앞에서도 여전히 꽃잎을 흔들고 있어. 자연의 순리가 참 오묘하기도 하다. 지난번에 너희들과 함께 심었던 잔털인동은 무성하게 자라 아직도 꽃이 피어 있단다. 가을꽃 국화와 여름 내내 자란 빨간 고추가 정원을 장식하고 있다.

  큰 꿈을 품고 멀리 떨어져 열심히 살아가는 아들들의 모습에 찬사를 보낸다. 즐겁게 살아가자.

골프 여행을 다녀와서
2006년 10월 30일

지난 주말에 엄마, 아빠가 아빠 친구 부부와 동해안으로 골프 여행을 다녀왔다. 가을의 청명한 날씨에 강원도에 들어서니 단풍이 장관이었다. 시원한 동해의 파도 소리에도 흠뻑 젖었단다. 골프 라운드를 마치고 바닷가 횟집에서 싱싱한 해산물에 술을 한잔하니 그야말로 행복하더구나. 아들들, 상상이 가니? 다음에는 너희와 함께 가족 골프를 다녀오면 좋겠다고 생각했다. 이제 엄마 골프도 고수 수준이다. 엄마 말이 골프의 진수를 느끼며 친다고 해. 엄마가 골프의 매력에 푹 빠져 있다. 엄마를 응원해 주렴.

골프는 여러 민족이 다양한 형태로 즐기던 놀이의 일종이지만 영국에서 체계화된 운동이다. 그것이 발전을 거듭하다가 1744년 스코틀랜드에서 지금의 에든버러골프인협회 전신인 신사골프협회가 조직되어 골프의 규칙을 만들었고 골프클럽이 생겨났다. 스코틀랜드의 세인트 앤드류에는 세계에서 가장 오래된 것으로 여겨지는 골프 코스<u>올드코스</u>가 있다. 1754년 5월 14일, 22명이 이곳에 모여 '더 소사이어티 오브 세인트앤드루스 골퍼즈'를 결성하고 경기규칙 제정,

핸디캡의 통일, 선수권 대회 개최 및 운영을 시작하면서 골프는 세계적 스포츠로 유행하게 되었단다.

아빠는 골프를 아주 잘 치는 사람은 아니다. 그저 멋진 폼으로 골프를 즐기는 사람이지. 골프는 자기와의 싸움이 있어야 하고, 자연과도 조화를 이루며, 동반자와도 서로 교류하는 멋이 있는 아주 신사적인 운동이다. 골프는 공을 친다는 생각보다 자연을 즐긴다는 생각으로 플레이하는 게 옳을 것이다.

참, 조금 전에 골프선수 최경주가 미국 PGA 크라이슬러 클래식에서 우승하는 마지막 장면을 보았다. 그는 인터뷰에서 "꾸준하게 마지막까지 최선을 다하니 우승을 했다"라고 하더라. 대단한 노력이지.

열심히 공부해라. 노력 없이 얻을 수 있는 것은 없다는 사실 명심하기 바란다. 즐거운 여행을 하고 나니 너희들이 더욱 보고 싶구나.

스무 번째 생일을 진심으로 축하한다
2006년 10월 30일

Happy Birthday and Break Bread Together!
둘째의 스무 번째 생일입니다.
빵빵라라라~~~

우리나라에는 오래전부터 출산 후 어머니들이 요오드가 다량 함유된 미역국을 먹는 전통이 있다. 이 전통이 이어져내려 생일에는 가족이 다 함께 미역국과 흰 쌀밥을 먹었단다. 둘째의 생일을 진심으로 축하하며 함께 밥을 먹지 못함을 안타깝게 생각한다.

가족이 모두 모여 식사하는 일은 어느 문화를 막론하고 무척 중요하게 여겼단다. 이기철 시인은 시 '밥상'에서 단란한 식사를 준비하는 마음을 그리워하며 "밥상 위에 놓이는 수저 소리보다 아름다운 것이 또 있겠는가"라고 노래했다. 서양에서는 가족 식사를 'break bread together'라고 해서 빵을 쪼개어 함께 먹는다는 의미를 갖고 있다.

우리말 '식구食口'의 의미는 '함께 먹는 입'으로 가족은 '밥상 공동체'라는 의식을 가지고 있단다. 최근 미국의 어느 조사기관에서 발표한 게 있어. 가족 식사를 자주 하는 학생이 성적도 좋고, 흡연, 음주, 마약에 빠지는 비율이 낮으며, 과일과 채소를 많이 섭취한다고 하는구나.

지금 우리 가족이 함께 식사할 수는 없지만 둘째의 생일 축하 미역국과 케이크를 함께 먹고 나누는 마음을 갖고 있기를 진심으로 바란다. 아들들과 함께 식사할 날을 아빠는 기다리고 있겠다.
다시 한번 생일을 진심으로 축하한다. 건강해라.

인재 확보 전쟁

2006년 11월 12일

요즘 대학생들 사이에서 가장 관심을 끄는 이야기는 단연 취업일 것이다. 특히 4학년 학생들은 초등학교 입학 후 16년간의 학교 생활을 마치고 사회인으로 첫발을 떼는 시기라 많이 초조하고 긴장도 되는 때일 것이다.

취업은 지금까지 배운 지식과 생활 습관 등을 바탕으로 본격적으로 본인의 인생을 개척하는 첫 단추다. 사회는 학교와 또 다른 세계다. 무한 경쟁의 장이기도 하다.

취업을 앞둔 학생들을 몇 가지로 분류해 볼 수 있겠다.

첫 번째는 학교 성적이 비교적 우수하고 영어 실력을 꾸준히 갖춘 학생으로 그들이 원하는 직장에 비교적 쉽게 입사하는 경우다. 학교 성적이 절대적이진 않지만, 막 졸업해 사회로 나오는 사람들의 성실성을 파악하는 데는 중요한 자료가 된다. 그런 이유로, 오래전부터 많은 회사가 성적표를 중요시하고 있다.

두 번째는 학교 성적은 보통이지만 영어나 다른 경시대회 수상 등 자기만의 장기를 가지고 있는 학생들이다. 이런 친구들은 원하는 곳에 당장 취업이 안 되더라도 그런대로 일자리를 구하게 된다.

세 번째는 학창 시절을 베짱이처럼 보낸 결과, 객관적으로 본인을 내보일 자료가 부족한 학생들이다. 이들은 취업에 어려움을 겪게 될 것이다.

마지막으로 학교의 성적이나 영어 실력과 관계없이, 기타의 이유로 취업이나 자영업을 하는 학생들이다.

학생들의 걱정 못지않게 기업도 인재 확보에 엄청난 노력을 기울이고 있다. 쓸만한 인재를 확보하지 못하면 기업의 장래가 보장되지 않기 때문이지. 가히 인재 확보 전쟁이라 할 만하다.

세계적인 컨설팅회사인 맥킨지의 라자 굽타 전 회장은 21세기를 '인재를 확보하기 위한 전쟁의 시대'로 규정했다. 첨단 무기가 동원된 전쟁은 아니지만, 기업이나 국가의 생존이 걸린 문제이기 때문이다. "현대 사회는 변화의 속도가 너무 빨라 앞으로 어떤 산업이 유망한지 알기 힘들다." 미국의 저명한 미래학자 존 나이스빗 박사가 얼마 전에 한 말이다.

정보 기술과 디지털이 대중화되면서 정보화와 지식화에 따라 인재 발굴과 유치는 전쟁만큼이나 치열한 기업의 생존 전략이 되었다. 그래서 한국의 대기업도 글로벌 인재를 찾아 세계의 어느 곳이든 찾아다니고 있다. 글로벌 인재란 언어와 다양한 문화적 이해는 필수로 갖추고 창의적 문제 해결 능력과 성과를 이뤄내는 능력, 세계 어디에 내놓아도 뒤지지 않는 지적 소양, 전문 분야에 있어서 경쟁력과 윤리성을 겸비한 사람을 말한다.

삼성, 현대, LG, SK가 해외에서 뽑는 인재는 수백 명에 이른 것으로 알려져 있으며, 일부 거물급 인재는 사장보다도 연봉이 높다고 한다. 그렇다면 최고의 인재가 갖추어야 할 요건을 GE의 글로벌 인재학교 교장을 지낸 잭 웰치의 4E 1P로 요약해 보겠다.

1. Energy에너지: 일을 추진하는 능력 즉, 실행을 통한 변화를 즐기고 낙관적, 의욕적으로 하루를 마무리하는 힘.
2. Energize활기를 불어넣는 능력: 어려운 일이라도 즐거운 마음으로 해결하고, 주변 인물에게 활기를 불어넣어 불가능을 가능으로 전환하는 능력.
3. Edge결단력: 어려운 결정을 해야 할 때 '네' 또는 '아니오'로 결단을 내리는 용기. 세상은 명확하지 않은 게 참으로 많기에 유능한 인재는 명확하고 현명한 결론을 내림.
4. Execute실행력: 위의 것을 다 갖추어도 실행력이 부족하면 결승점에 다다를 수 없다. 저항, 혼란, 장애, 나태함 등을 뚫고 마침내 해내는 것.
5. Passion열정: 마음에서 우러나는 깊고 진실한 흥분. 열정이 충만할 때 주위에 진심을 전파하고 배려하며 충실한 성취를 이루게 됨.

아들에게 오늘은 사회에서 필요한 인재에 대해서 써 보았다. 정말로 변화무쌍한 변화의 한가운데 너희들이 살아가고 있다. 대학을 가는 것은 사회생활을 위한 준비이고, 대학 졸업은 독립된 인간으로서 살아가는 시작이다. 세상은 '인재 확보 전쟁'의 터다. 지난 시간 후회하지 않도록 열심히 살기를 바란다. 성적은 필수 조건이다. 다음에 충분조건을 잘 만들어가기를 바란다.

인재가 되는 일이 너희들에게는 그리 어려운 게 아니다. 이미 기초가 있기 때문이다. 일단 아들들의 IQ는 충분하고, 세계적인 명문대에 다니고 있고, 사회성, 인성, 집안 등 별로 부족한 게 없다. 이만한 조건을 가지고도 어렵다 힘들다 타령한다면 정말 어려운 환경에서 열심히 수고하며 공부하는 사람들에게 부끄러운 일이다. 너희가 가진 것을 귀하게 여기도록 해라.

건강하고.

외유내강 外柔內剛
2006년 11월 19일

外: 밖 외, 柔: 부드러울 유, 內: 안 내, 剛: 굳셀 강.

외유내강은 겉으로 보기에는 부드러우나 마음속은 꿋꿋하고 굳세다는 것을 이르는 한자성어다.

아빠가 50이 넘은 이 나이까지 살아가면서 즐겨 생각하는 말은 "늦었다고 생각할 때가 가장 빠를 때이다"와 '외유내강'이란다. 무슨 뜻인지는 충분히 이해할 나이니 설명은 필요 없으리라 생각한다.

남을 대할 때는 유연하고 부드럽게 하고, 자신에게는 엄격하며 속으로는 강인한 의지를 품은 사람이 되기 바란다. "나는 늦었어" 하는 마음보다는 "이제라도 시작해서 하는 데까지 해보자" 하는 마음이 건설적이다. 그러나 오기는 금물이다. 매사 현명하게 판단할 필요가 있지.

건강하게 잘 지내거라.

마무리 잘하고 12월, 즐겁게 만날 날 기다리마. 안녕.

4부

'눈덩이 효과'란 작은 눈 뭉치가 언덕을 굴러 내려가면서 스스로 몸집을 불려 나가는 것처럼, 처음에 미약하게 시작한 일이 점차 걷잡을 수 없는 기세로 확대되는 현상을 말한다.

가다가 중지하면 아니 감만 못하다
2007년 1월 2일

해마다 새해가 시작되면 우리는 '시작'에 의미를 부여해 많은 다짐을 하곤 한다. 그러나 연말에 뒤돌아보면 끝까지 해낸 일은 별로 없고, 어떤 일은 시작도 못한 채 1년이 지나는 수도 있어.

"가다가 중지하면 아니 감만 못하다"라는 속담처럼 시작한 일은 끝을 보는 결심이 필요해 보인다. 여기 새해에 어울리는 좋은 글이 있어 아들들에게 정리해 보낸다.

옛 그리스 철학자들은 '시작'에 특별한 관심을 가졌다. 플라톤은 "어떤 일이나 처음이 가장 중요하다"며 "잘 시작한 일은 반은 벌써 이루어진 것이나 다름없다"라고 했다. 호라티우스 역시 "(일단) 착수한 사람은 이미 일의 반을 끝낸 셈"이라고 했다. 동서양을 막론하고 "시작이 반이다"라는 격언이 오래전부터 전해지는 것을 보면, 어느 사회나 시작이 갖는 중요성에 일찍부터 주목했음을 알 수 있다. 시작의 비중을 전체의 50% 이상으로 본다는 게 놀랍지 않으냐.

시작의 중요성을 극적으로 보여주는 이론으로 이른바 '눈덩이 효과'라는 게 있다. 작은 눈 뭉치가 언덕을 굴러 내려가면서 스스로 몸

집을 불려 나가는 것처럼 처음에 미약하게 시작한 일이 점차 걷잡을 수 없는 기세로 확대되는 현상을 말한다. 일정한 힘으로 전달되는 도미노 효과에 비해 눈덩이 효과는 가속적으로 증폭된다는 점에서 시작의 중요성이 훨씬 강하다. 물론 눈덩이가 어디로 구르느냐에 따라 결과는 천양지차로 달라진다. 처음에 방향을 잘 잡으면 그 이득이 엄청나지만, 자칫 엉뚱한 쪽으로 구르기 시작하면 결과는 돌이킬 수 없을 정도로 치명적이다.

시작의 중요성을 극단적으로 강조한 또 하나의 이론은 얼마 전에 상영된 영화 제목과 같은 '나비 효과'다. 중국 베이징에서 일어난 나비의 날갯짓이 다음 달 미국 뉴욕에서 폭풍을 발생시킬 수도 있다는 과학 이론이다. 미국의 기상학자 에드워드 로렌츠 E. Lorentz가 1961년 기상관측에서 생각해 낸 이 원리는 '초기 조건에 대한 민감한 의존성'을 강조한다. 처음의 작은 변화가 결과적으로 엄청난 변화를 초래할 수 있다는 것이다.

황금돼지해인 2007년 새해를 맞이하며 아들들이 눈덩이 효과든 나비 효과든 '시작'의 중요성을 생각하며, 작은 다짐이라도 실천에 나서기 바란다. 이왕이면 끝을 보는 뚝심을 발휘하기 바라고.

아들들이 모두 떠났네

2007년 1월 7일

시끌시끌 떠들며 돌아다니고, 끼니때마다 한 상 차려 먹던 아들들이 오늘 모두 떠났다. 잔소리할 대상이 없으니 내가 심심하네. 오래간만에 다섯 식구가 모두 모여 참 즐거웠고 끈끈한 가족애도 서로 나눌 수 있었다고 생각한다. 그런데 어느 틈에 2주가 지나버리고 집안이 적막해져 버렸어. 허전하기 그지없단다. 말 안 듣고, 못마땅할 때는 잔소리도 하고 혼도 냈지만 그게 진실로 사는 맛이란 생각을 하게 된다.

첫째가 뒹굴며 자던 침대, 둘째가 앉아 게임하던 컴퓨터 책상, 막내가 저녁 먹고 TV 보다가 졸던 긴 의자 등 집 안에 있는 물건, 가구 하나하나에 모두 너희 흔적이 있어 그리움을 키우네. 특히 둘째와 첫째가 함께 고친 빗살 무늬 붙박이장 문은 열 때마다 둘이 차근차근 수리하던 모습이 떠올라 흐뭇하다.

모든 면에서 바르게 자라고, 각자 주어진 일에 최선을 다하는 모습들이 참 든든하다. 그런데도 부모 욕심인지, 너희가 떠나기 전에 몇 마디 당부했다. 첫째와 둘째는 이제 완전히 독립한 성인이니 자기 주변에서 일어나는 모든 일에 일차적 책임을 질 나이다. 매사에 신중하게 결정하고, 필요하면 주변 사람과 의논도 하면서 멋진 어른이 되길 바란다. 막내는 일단 대학 진학 시험 준비에 최선을 다하기 바라고.

세계가 점차 '하나의 세계'로 나아가는 느낌이다. 우리나라에서 방영되는 드라마, 영화, 뉴스 등을 거의 실시간으로 세계 어느 곳에서나 볼 수 있는 세상이고, 새로 생성되는 지식은 거의 공개적으로 알려져서 누구나 활용할 수 있는 시대가 되었다. 얼마 전 세계 최고 대학 중 하나인 MIT에서 현재 수업 중인 전 강좌의 동영상, 교재, 강의 노트, 과제 등을 인터넷에 공개하기로 했다고 하더라. 아빠가 교수인 입장에서 보면 정말 혁신적인 변화다. 강의자로서는 강의에 자신감이 있기에 가능한 것으로 생각된다. 지식의 세계화란 무한 경쟁의 다른 말이다.

너희가 살아가야 할 미래는 지금보다 경쟁이 심할 것이다. 경쟁의 승패로 인해 계층에 따른 삶의 질도 격차가 커질 테고. 미래 사회의 주인공이 되기 위해서는 새로운 지식 동향에 관심을 가져야만 한다. 너희가 정말 잘 살아나가기를 진심으로 바랄 뿐이다.

우리 다 같이 열심히 노력해 행복한 삶을 만들어가자.

경제를 알면 돈이 보인다
2007년 1월 17일

며칠 전 엄마와 함께 경제전망과 연금에 관한 세미나에 참석하여 경제 지식을 불릴 기회가 있었다. 오늘은 경제 얘기, 돈의 흐름에 대해 생각해 보자.

초등학교 6학년 학생들에게 "살아가는 데 가장 중요한 것이 무엇이냐?" 물었을 때, '돈'이라고 답했다는 기사가 있었다. 돈은 살아가는데 반드시 필요한 조건이지만, 돈이 충분하다고 해서 모든 것을 얻었다고 할 수는 없다. 기사를 보면서 초등학생이 벌써 돈의 중요성을 이해하고 있으니 앞으로 잘 살겠구나 싶기도 하고, 너무 빨리 돈을 따라가다 꿈을 놓치는 건 아닐까 하는 안타까움도 들었다. 아무튼 돈 없이 경제적 자유를 얻기는 어려운 일이다.

돈을 버는 일은 간단하다. 물건을 싸게 잘 만들어서 소비자가 그 이상의 돈을 주고 사면 돈을 버는 것이다. 내가 물건을 설계하여 잘 만드는 사람이 될 수도 있다. 그는 공학도다. 만들어진 물건을 잘 파는 수단이 좋은 사람이 있다. 그는 판매원이다. 들어오는 돈을 잘 관리하여 이익을 남기는 사람이 있다. 그는 관리자다. 그 외에 서비스 산업의료, 음식점, 보험 등에 종사하며 돈을 버는 사람도 많다. 즉 사회나 개인이 원하는 일을 해주면 돈이 들어온다는 뜻이다. 또 돈을 버는 방법으로 투자가 있다. 자기의 자본을 은행, 증권회사 등에 투자하여 규모를 키울 수 있다. 그러기 위해서는 국내의 경제, 정치, 사회 상황뿐 아니라, 세계의 경제 흐름도 잘 파악하는 자세가 필요하다.

한국은 국민적 근면성과 교육열에 힘입어 양질의 인적 구조를 가진 나라다. 해마다 고성장을 지속해 오고 있으며, IMF 사태 이후에는 기업들이 돈의 흐름을 투명하게 관리하면서 국가적 도약의 기회가 되기도 했어. 그러나 최근에는 성장이 둔화하면서 축소와 정리 분위기구나. 중국의 고성장과 일본 사회의 새로운 패러다임, 북한의 위협, 미국과의 마찰 등은 지금 우리나라를 둘러싼 변화의 양상이다.

좀 더 눈을 넓히면, 최근 BRICSBrazil, Russia, India, China가 빠른 속도로 성장하고 있고, 여기에 가세해 VISTAVietnam, Indonesia, South Africa, Turkey, Argentina가 세계 경제 중심으로 떠오르고 있다. 현재 우리나라는 세계 무역국 중 양적으로는 11위에 있지만, 위의 국가들로부터 추월당할 조짐도 보인다. 물론 이를 잘 극복하여 선진국으로 갈 수도 있을 것이다. 새롭게 성장하는 국가들의 성장 요소는 다음과 같다는 분석이 있다.

1. 인구: 인구가 많을수록 수출뿐 아니라 내수의 경제 활동이 활발

하다.
2. 제조업: 서비스보다는 공장에서 생산하는 기술과 능력을 갖추고 있다.
3. 언어: 대부분 전 국민이 영어를 구사할 수 있다.
4. 기업의식: 기업의 활동을 존중하며 성장과 분배를 잘 이끌어간다.
5. 세계적 사고: 세계관이 갖춰져 있고, 유연한 사고를 갖는다.

그야말로 지구촌 시대다. 세계는 점점 통합되어 가고, 산업의 발달로 돈의 이동도 빨라졌다. 너희들도 돈의 흐름과 경제 발전 동향에 관심을 갖기 바란다. 돈의 노예가 되라는 의미는 아니다. 유능한 인재에게는 돈이 따라온다.

아빠 어릴 때 이런 일이 있었다. 초등 1학년 때였다. 그때 용문동 집 근처에 굴다리가 있었다. 굴다리 밑에서 할머니가 건빵을 팔았지. 그게 어찌나 먹고 싶던지, 엄마너희들 할머니 지갑에서 1원을 훔쳐서 건빵을 사 먹었다. 감쪽같이 했다고 생각했는데 집에 오니 엄마가 알고 있었다. 그리고 일장 훈시를 들었단다. 그때 할머니는 남의 돈을 탐내서는 안 된다고 했다. 그날 이후 아빠는 남의 돈에 눈길도 주지 않았다. 세상에 눈먼 돈이 있다고 떠드는 사람들이 있지만 그런 말에 귀 열지 말거라. 돈은 정식으로 벌어야 한다.

돈 아껴 쓰거라.

올 'A' 받으면 자동차 사줄게!

2007년 1월 21일

2000년 2월 16일 우리 다섯 식구가 10개나 되는 가방을 싣고 미국 애틀랜타에서 새로운 도전을 시작했다. 콜럼버스가 아메리카 대륙을 발견하여 미국이란 새로운 국가를 세운 것에 비유하면 지나친 걸까? 하하하. 우리 식구가 신대륙에 모두 발을 디뎠다는 사실에 아빠는 좀 흥분이 된다. 하여튼 우리가 미국에 터를 잡은 것을 계기로 아들들에게도 새로운 세계로 향한 문이 열린 거 같아서 매우 기분이 좋아. 당시 한국에서는 유행하지 않던 SUV를 타고 다녔던 시간도 생각난다.

이번 학기에 첫째와 둘째가 전 과목 'A'를 받으면 상으로 작은 SUV 한 대를 사 줄까 생각 중이다. SUV Sports Utility Vehicle 차량에 대해 한번 알아볼까?

SUV의 전신은 지프로 닷지 지금은 Daimler Chrysler 자동차 회사에서 개발한 군용차였어. 이 차는 사륜구동이라 험한 길이나 산악 지대 등 험한 지형을 달릴 수 있었지. 그 후 1983년, 크라이슬러사에서 미니밴이 개발되어 상용화하면서 SUV, RV Recreational Vehicle의 개념이 생겨났다. 물론 그 이전에도 우리나라 봉고와 같은 밴이 있었으나 엔진이 승용차와 다르게 내부에 장착되어 있어 짐을 싣는 차 정도로만 인식되어 있었다.

아빠가 미국 유학생일 때다. 1970년대 말, 오일쇼크가 오는 바람에 덩치가 작고 연비 좋은 일본 차가 미국에 진출해 판매량이 급증했어. 덕분에 크라이슬러는 도산 위기에 빠졌다. 이때 포드 자동차 사장인 아이아코카Iacocca, Lido Anthony, 1924~2019가 영입되어 연봉 1달러를 받으며 회사를 살리겠다고 선언해 화제가 되었다. 그때 개발한 차가 바로 크라이슬러 보이저 미니밴Chrysler Voyager Minivan이다. 이 차는 미니밴의 대명사로 지금까지도 생산되고 있는 차종이다. 이후 크라이슬러는 회생했고 아이아코카는 성공적인 CEO의 대명사가 되었다.

얘기가 길어졌는데 이 미니밴이 진화하여 요즘과 같은 SUV가 탄생한 것이다. SUV는 승용차와 미니밴의 장점을 살려 지프 위에 올려놓은 형태로 안전하며 안락한 느낌이 들고, 사륜구동이라 젊은이들이 파워를 즐기며 운전하기에도 좋은 차종이다.

SUV 차량은 일단 승용차보다 타이어가 커서 높고 무게감이 있어 충돌 시 안전하며, 시야가 넓어 운전 시 피로가 적다는 장점이 있다. 단점으로는 승차감이 떨어지며 타고 내릴 때 약간 높아 불편하고, 회전 시 약간의 쏠림 현상이 있어 전복 위험이 있다는 것이다. 그러나 키가 큰, 젊은 너희들이 운전하고 다니기에는 비교적 이런 단점이 문제가 되지 않을 것으로 판단된다.

　열심히 노력해서 전 과목 'A'를 받으면 첫째 기분이 짱 좋고, 둘째 성적 좋아 장래가 더욱 밝아지니까 좋고, 셋째 새 차를 가질 수 있어 좋고, 넷째 온 가족이 딩까! 딩까! 좋겠다. 자랑스럽고!

　누이 좋고 매부 좋고. 아들들 힘내라! 아싸! 아싸!

　잘 지내거라. 안녕.

태국 골프 여행을 마치고

2007년 2월 2일

어제 4박 5일의 골프 여행을 마치고 돌아와 아들들을 생각하며 글을 쓴다. 우리나라는 겨울이 추워 골프를 즐기는 사람들이 겨울에는 태국, 필리핀, 호주 등 따뜻한 나라로 원정 골프를 가기도 한다. 그동안 아빠 엄마는 좀처럼 기회를 잡지 못하다가 모처럼 즐겁게 지냈다.

이번 여행은 부부 10쌍이 의기투합하여 다녀온 단체 여행이었어. 대부분 50대 후반부터 60대 초반까지의 나이였다. 아빠 엄마는 비교적 젊은 편이어서, 여러 면에서 성공한 부부들의 모습에 깊은 인상을 받았다. 공통점 몇 가지가 있었다.

첫 번째는 그분들의 골프 자세에서 여유를 봤다. 필드에서 뛰지 않으며 여유롭게 바른 스윙으로 게임을 진행했다. 파 4에서 two-on-green을 꼭 하고자 하는 욕심으로 빨리 가려고 하기보다는 정확한 거리와 방향을 유지하면서 70대를 치는 것이다. 물론 젊은이의 플레이 형태는 아니지. 너희와 같은 20~30대 젊은이들은 도전하는 자세가 필요하단다.

두 번째는 모든 부부가 항상 다정하게 대화하는 모습에 감명받았단다. 아빠 엄마도 영원히 서로 사랑하며 즐겁게 살아야겠다는 생각을 다시 한번 하게 되었다. 그들은 또 항상 가족들에게 전화하며 안부를 묻는데, 보기 좋더구나.

세 번째는 항상 남을 배려하며 양보하고 이해하려는 마음을 갖고 있었다. 자신의 이익만을 앞세워 남에게는 해가 되든 상처가 되든 무심한 사람들도 많은데 말이야. 이번 여행은 골프보다도 동반자들에게서 많은 것을 배웠다.

태국은 동남아시아에 있는 농업 국가로 1인당 GNP가 2005년 현재 3,000달러로 개발도상국이다. 한국보다 경제력에서 뒤지고 있는 국가임은 틀림없지만, 다른 매력을 지닌 나라였다. 일단 그곳 사람들이 행복해 보였어.

골프장에서 라운딩을 돕는 사람을 캐디라 하는데, 우리나라에서는 한 팀4인에 한 사람이 함께하지만, 태국에서는 한 사람당 한 명씩 따라다니며 도와주더라. 캐디 보수는 약 8달러로써 인건비가 무척 쌌다. 캐디에게 팁을 줄 때 1,000원이지만 정말로 고마워하는 모습이었어. 사람들이 참 순진해 보였단다. 이 나라는 따뜻한 기후로 항상 농사지을 수 있으므로 식량이 풍부해 사람들이 돈벌이에 큰 욕심이 없는 듯 보였다. 어쨌든 그들은 모두 돈에 무심한 채 행복해 보였다.

국민성이 태평한 것은 좋은데, 투지와 발전의 의지가 없고 주어진 운명을 그냥 받아들이는 모습은 안타까웠다. 아빠는 아무래도 경쟁적 동물인가 보다. 하하하. 우리 민족의 투지와 열정에 찬사를 보낸다.

하여튼 99홀을 치는 강행군이었지만 추억에 남을 엄마와의 여행이었다. 즐거운 골프 여행! 다음에는 우리 가족이 다 함께 하자.

추억의 덕산온천 여행
2007년 2월 6일

    나는 너희들과 약속한 특별한 여행을 세 번 했다. 그 여행지가 바로 덕산온천이다. 어제 그곳을 오랜만에 다녀오니 너희들과의 여행 추억이 떠올라 글을 쓰고 싶구나.

    지금부터 8년 전이지. 1998년 2월에 첫째가 중학교 들어가기 전 나와 단둘이 1박 2일 여행한 적이 있었다. 사춘기에 접어드는 아들과 둘만의 여행, 정말 흥분되던 기억이 생생하구나. 기차로 홍성까지 가서 다시 만리포에서 점심 후 예산을 거쳐 덕산에 숙소를 정했었지. 함께 덕산온천 원탕으로 게르마늄 함량이 높다고 알려진 사우나에 내려가서 서로 등을 밀어주며 목욕하고, 함께 하룻밤을 이런저런 얘기를 하며 뒹굴뒹굴 보냈지.

    다음 해 2월에는 둘째와 함께 같은 장소인 덕산온천관광호텔에서 자며 보냈다. 역시 목욕도 함께하고, 저녁에 이런저런 얘기를 나눴던 생각이 나는구나. 그때는 자동차로 갔기 때문에 아침에는 수덕사에 들러 아침 공기도 마시고 수덕사 뒷산으로 한참을 걸어 올랐던 기억도 있어. 멀리 바다와 산이 어우러진 멋진 풍경에 기분이 무척 좋았지.

막내와의 여행은 조금 달랐단다. 우리 가족이 미국에 1년 반 있다가 여름에 귀국했을 때 막내는 한 학기를 남겨 둔 6학년이었지. 동네 초등학교를 마친 이듬해 막내와 같은 장소 덕산온천으로 여행을 다녀왔단다.

그땐 엄마가 꼭 동행하기를 원해, 막내의 동의를 구해 함께 승용차로 여행을 했단다. 그 당시에 서해안 고속도로가 개통되어 첫째나 둘째와 여행할 때보다 거리가 훨씬 가까워졌었지. 시간 여유가 생겨 안면도까지 구경한 후 같은 호텔에서 묵었다. 온천욕도 즐기고 여러 가지 얘기를 나누었다. 아침 일찍 수덕사에 오른 나는 깜짝 놀랐단다. 한적하던 3년 전 경치 좋은 절 분위기가 아니고 현대식 건물이 빼곡히 들어서 주변이 상업지역으로 변해 있었어.

5년이 지나 다시 가니 이제는 완전히 다른 세상으로 변해 있어 세월의 흐름을 느꼈다. 그때 가장 큰 건물이던 덕산온천관광호텔이 이제는 작고 허름해 보인다. 주변에 커다란 최신식 빌딩에 최신식 호텔과 콘도가 들어섰네. 온천 스파라 하여 아이들이 물놀이할 수 있는 장소도 있더구나. 하긴 우리 아들 녀석들도 그때와 달리 멋진 모습으로 성장했으니 세상도 변한 게 맞겠지.

세월은 계속 지나가고, 과거는 추억이 되겠지. 가능하면 아름다운 추억이 되도록, 변화하는 시간 속에 열심히 살아가는 우리 아들들이 되기를 바란다.

건강해라. 안녕.

아빠가 발목을 삐었네

2007년 2월 19일

아빠가 발목을 삐어서 고생하고 있다. 몸의 일부가 아프니 몸 전체 컨디션도 엉망이고 매사 의욕도 떨어져 여러 가지로 기분이 좋지 않구나. 그저 '건강한 몸에 건강한 정신'이 최고의 새해 덕담이란 생각이 든다. 실은 어제가 설날로 음력으로는 새해 첫날이고, 황금돼지띠의 해이기도 하지. 하여튼 올해는 건강을 위해서 운동도 좀 해야겠구나.

지난해에 쓴 아빠의 편지 중에서 진화론과 우리의 생활 관련한 글이 있었지. 인간은 약 500만 년 전에 유인원에서 진화했다. 인류의 기원인 호모 사피엔스는, 학자에 따라 다르지만 수십만 년 전부터 진화를 시작했다. 인류는 직립보행을 하면서 손을 이동하는데 사용하지 않아 자유롭게 움직일 수 있었지.

인간은 손을 일상의 정교한 기술을 개발하는 데 사용함으로써 뇌 발달이 촉진되었고 문명을 이룩하여 지구의 지배자가 된 거란다. 그러나 직립보행은 몸의 균형을 잡거나 몸 전체의 움직임을 만드는 데는 어려움이 있어 아빠와 같이 삐는 병이 생기게 되었단다. 특히 인간은 다른 생물과 마찬가지로 먹이를 찾아 일생을 움직이도록 진화해 왔다. 그러나 최근에는 운동 부족으로 근골격계에 이상이 자주 발생해. 운동 부족은 근육 약화와 관절 사용을 줄이게 되어 통증을 유발한다. 운동도 게을리 말거라.

인간의 몸은 정교한 건축물이면서 한층 더 나아가 다양한 형태의 움직임이 가능하도록 만들어진 창조주의 걸작이란다. 몸을 지탱하며 정교한 움직임과 힘을 가할 수 있는 역할은 206개의 뼈와 수없이 많은 근육으로 이루어진 근골격계가 담당하고 있다.

삐게 되면 인체에서 자동으로 근육과 뼈를 이용한 움직임을 제한하도록 액이 모여 부어오르지. 이 부어오름은 일시적으로 발목 보호대 역할을 하는 거야. 급격한 충격의 힘으로 실핏줄이 파열되며 내출혈을 일으켜 멍이 들기도 한단다. 일단 움직임을 멈추고 발을 고정하여 적절한 치료를 받아야 된다.

아빠가 이렇게 자주 삐는 현상은 30년 전 군대 있을 때의 사고와 연결되어 계속되고 있는 것으로 생각된다. 유격 훈련 중에 담장을 넘다 넘어져 발목을 삐었는데 그 당시 적절한 치료깁스를 하지 않은 채 훈련을 계속 받았어. 그때 삔 것이 발목 주변의 인대를 늘어나게 하고 약화해 지금까지 어려움을 겪고 있단다. 어떤 병이든 초기 치료가 제일 중요하다는 걸 깨달았지.

첫째와 셋째도 아빠와 같이 발목을 삐는 어려움을 겪었지. 항상 주의하고 발목 강화 운동을 열심히 하여 튼튼한 발목을 유지하기 바란다.

 '내 몸을 아끼는 해'로 생각하고, 먹는 것 조심하고, 운동 열심히 하기를 진심으로 바란다.

 안녕.

표절 - 문근영 노래, 조덕배 노래와 닮았다?

2007년 2월 28일

　지난주 뉴스 중 '문근영 노래가 조덕배 노래와 닮았다?'라는 제목을 보며 표절이란 주제를 생각해 봤다. 최근 이필상 고려대학교 총장이 취임 56일 만에 논문을 표절했다 하여 사표를 냈고, 김병준 부총리도 취임 13일 만에 제자 논문 표절 시비로 사임하며 '표절'이란 단어가 자주 오르내리게 되었다.

　표절은 영어로 Plagiarism으로 라틴어 어원적 의미는 '어린아이 납치범'을 뜻한다. 즉, '남의 정신적인 아이'를 훔치는 행위를 의미한다. 다른 사람의 창의적 생각이나 글의 전부 또는 일부, 논문, 시나 소설, 노래 가사 또는 음악, 그림 등 가치가 있는 타인의 것을 인용 없이 모방하거나, 복사하여 본인의 작품으로 둔갑시키는 행위를 표절이라고 한다. 연구 부정행위도 심각한 범죄행위로 간주하여 날조, 변조, 표절을 금하는 지침이 발표되기도 했다.

　우리나라는 그동안 남의 숙제를 베낀다거나 인터넷에서 얻은 생각을 자기 생각으로 포장하는 일을 사회에서 묵인하는 경향이 있었다. 시험 중에 커닝으로 답을 적어내고도 아무 죄의식 없는 학생들도 많지. 이런 의식이 우리 사회를 어둡게 만드는 원인이 되었다.

이런 문제가 한국 유학생들에게 나타나 졸업을 못 하는 등 낭패를 당하는 경우가 많은 것으로 알려져 있다. 표절하면 무조건 제적당한다. '몰랐다' '실수다'라는 변명은 통하지 않는단다. 물론 표절은 미국 학생들에게도 가끔 나타나는 인간의 본능적 행동이기도 하다. 그래서 미국의 하버드대학, 시카고대학 등에서는 이에 대한 지침을 마련하여 학생들이 숙지하도록 가르치고 있다.

하버드대학교의 표절 방지 교재는 '출처를 인용하는 글쓰기 가이드북'으로 학생이 절박한 경우에는 표절하게 되어 있으며, 이 경우 정확한 출처를 정확한 원칙에 의거 반드시 명시하도록 쓰여 있다. 이를 어기면 벌을 받는다는 경고가 있음은 물론이다. 시카고대학에서는 《대학에서 정직하게 글쓰기》라는 책을 통해 신입생들에게 표절에 대한 교육과 경고를 한다.

한편 영국 신문 '더 타임스'에 의하면 지금은, 표절 방지 소프트웨어를 통해 45억 개 이상의 웹 페이지와 책 등에 실린 자료를 검색, 대조하여 표절 부분을 찾아낸다고 한다.

생물은 남의 것을 빼앗는 본능을 갖고 있지만, 인간은 이를 범죄로 규정하여 사회 질서를 유지하는 만물의 영장이다. 학생들을 가르치다 보니 우리 아들들에게도 마음이 쓰여서 얘기했다. 표절 유혹에 빠지지 말거라. 물론 너희는 표절이 얼마나 무서운 범죄행위인지 알고 있을 것으로 믿는다. 자기 능력만큼, 그냥 우리 정직하게 살자. 건강하고 중간고사 최선을 다해 주기 바란다. 안녕.

공연 '토요일 밤의 열기'

2007년 3월 1일

Saturday Night Fever

Boys & Girls are you ready

The saturday night is come, ready to go

When the night like a fever

Is taking me on the line, ready to fly

Screaming with me all the night just tonight

You have to take a fever (fever)

Another time to say I wanna be yours

you are my fever oh baby

Saturday night fever

Music on the floor

1977년으로 거슬러 올라가 본다. 아빠가 군대 생활을 하던 스물세 살 때, 잘 알지도 못하는 영어로 흥얼거리던 노래 비지스Bee Gees의 'Saturday Night Fever' 가사다.

'Night Fever'라는 노래는 몇 년 전 박진영의 '그녀는 예뻤다'에 끼워 넣어 리믹스했던 곡이고, 비지스의 곡 중 'How Deep Is Your Love'는 지누션이 리메이크하여 요즘 세대에도 잘 알려진 곡이다. 그 외에도 비지스의 유명한 곡은 다양한데, 'Boogie Shoes', 'Disco Inferno', 'If I Can't Have You', 'Immortality', 'It's My Neighbourhood', 'Jive Talkin', 'Staying Alive' 등이다. 자주 들어 너희들 귀에도 익숙하리라 생각된다. 미국 스페인계 가수이며 영화배우인 존 트라볼타John Travolta가 주연한 영화 'Saturday Night Fever'에서는 유명한 영국 밴드 비지스가 음악을 맡아, 그 OST 앨범이 빌보드 차트에 24주간 연속 1위를 차지하며, 30년 전에 이미 3,000만 장이란 음반 판매 기록을 세우기도 했다. 디스코 음악과 춤의 원조로 그 당시 아빠와 같은 젊은이들에게 열정을 불어넣었다.

오늘 엄마와 함께 옛날을 생각하며 뮤지컬 '토요일 밤의 열기'를 관람하고 왔다. 아빠가 너희들만 할 때 열광하며 보았던 영화, 노래, 춤을 보고 들었단다. 오랜만에 열정이 다시 살아나 몹시 즐거웠다. 기분이 참 좋구나! 30년 전에 즐기던 노래와 춤인데 관객의 70%가 30대 미만이었어. 나이에 상관없이 관객이 모두 하나 되어 역동적으로 무대를 누비는 배우들을 향해 박수 치고, 노래 따라 부르고, 발을 굴러대며 그야말로 열광의 도가니였단다! 공연은 2시간이었다. 정말 좋은 음악과 춤으로 연출한 멋진 무대였다.

우리 인간은 동물과 다르게 문화를 갖고 있어 희로애락을 표현하는 능력을 보유하고 있단다. 특별한 경우를 제외하면 이런 문화적 감정도 학습을 통해 얻는다는구나. 인생을 즐기기 위한 단순한 유희로써가 아니라, 문화 습득 차원에서도 좋은 공연이나 전시회에 가보도록 해라. 짧은 순간이지만 삶의 활력소가 된다. 그래서 우리 아들들도 인생의 일부를 문화생활에 투자할 줄 아는 멋진 녀석들이 되기를 바란다.

우리 모두 인생을 즐기며 재미있게 살자!

안녕.

아들들과 즐거운 일주일을 보내고
2007년 3월 25일

　미국에서의 일주일이 꿈같이 지나고 벌써 한국으로 돌아가는 비행기를 타야 하는구나. 가족은 항상 서로의 안녕에 관심을 가져야 한다는 생각이 강한 나로서는 3개월 이상 떨어져 있는 아들들이 보고 싶어 일을 다 제쳐두고 미국으로 달렸다. 그런 마음이 나만은 아닌 거 같았다. 반갑게 맞아주는 모습을 보며 너희도 같은 마음이라는 것을 느낄 수 있었단다.
　나로서는 가족 없이 생활하며 지쳤을지 모를 너희들에게 활력을 불어넣어 주고 한편으로는 졸업 후 장래에 대한 구체적인 대화를 하고 싶어 떠난 여행이었다. 그러면서 나도 쉬고, 너희들과 함께 라운딩하는 즐거움도 느끼고 싶어서였다. SAT 공부하는 셋째와 엄마가 함께하지는 못했지만, 첫째 둘째와 보낸 일주일, 나는 정말 행복했다.

　시카고에 처음 도착해 쌀쌀한 날씨에 일단 놀라고, 샴페인Champaign으로 가는 비행기를 바꾸어 타기 위해 공항에서 지루하게 6시간을 기다렸는데 막상 출발한 비행기는 이륙 후 불과 25분 만에 도착해서 또 놀랐다. 짧은 비행을 오히려 아쉬워하며 공항 통로를 빠져나오니 첫째가 씩 웃으며 손을 흔들고 있었다. 전혀 달라지지 않은 모습에 그냥 반갑고 기분이 좋았다. 짐이 나올 때까지 잠시 기다리며 눈치를 보니 첫째의 얼굴에 기쁜 표정이 가득한데, 감정을 가볍게 드러내지 않는 모습이 한층 어른스럽게 느껴졌다.

 차를 빌려 아들의 길 안내를 받으며 도착한 아파트는 전통이 있는 대학 캠퍼스 안에 지어진 낡았지만 단정한 모습이었다. 공부하고 생활하는 데 전혀 지장이 없어 보여 다행이란 생각이 들었다. 짐을 푸니 갑자기 피로가 몰려오며 긴 여정이 떠올랐다. 그런데 둘째에게 전화를 거니 "아빠! 언제 와?" 한다. 반가운 목소리에 가슴이 찡하는 무언가가 느껴졌다. 둘째 보러도 빨리 가야겠구나 싶었다. 벌써 서울 집을 떠난 지 25시간이나 지났다. 아이고, 정말 피곤하다. 타이레놀을 두 알이나 먹고 잠을 자려 노력했건만 시차 때문인지 피곤하고 열까지 나서 수업에 들어간 첫째만 기다리며 끙끙 앓았다.

 시간이 지나면서 둘째에게 가야 한다는 생각 때문인지 다행히 컨디션이 회복되어 첫째와 함께 웨스트 라파에트로 1시간 40분 정도 차를 운전해 달려갔다. 둘째가 사는 아파트는 상상 이상의 멋진 공간이어서 약간 놀랐다. 둘째와 반갑게 포옹했는데, 둘째 표정에 기쁨과 즐거움 그리고 자신감이 가득했어. 그런 둘째를 대하니 나도 어깨가 으쓱한 느낌이 들었다.

 다음 날 오전, 날씨는 쌀쌀했지만, 골프 연습장에서 두 아들과 함께 몸을 풀었다. 그건 오랫동안 잊지 못할 상쾌한 경험이었지. 오랜만의 연습에 공은 제멋대로 날았지만서도.

저녁에는 너희 고종사촌의 대학 졸업을 축하하기 위해 시카고로 출발했다. 2시간 남짓, 그리 긴 운전 거리는 아니었는데도 아직 비행 피로가 남아 있어 운전 내내 좀 피곤했다. 이 녀석들이 운전면허증이 있다면 내가 좀 수월했으려나. 아니다, 아직은 내가 직접 운전하는 게 안전하고 편할 거 같다.

좀 비싸긴 해도 미국 내륙 한가운데인 시카고에서 가장 맛있는 생선을 먹을 수 있다는 식당, 토다이에서 가족 모임이 있었다. 내가 시카고에서 공부할 때 철없던 우리 가족을 돌보아주신 큰 이모님, 둘째 이모님 부부, 너희들 고모, 너희 사촌들과 그 친구, 그리고 우리 첫째, 둘째 등 14명의 시카고 모든 친척이 모였다. 외할머니 근황, 옛날이야기, 애들 이야기 등 두 시간 이상 웃고 떠들며 식사하는 시간은 참 즐거웠다. 헤어질 때 모두가 아쉬워했다. 핏줄의 소중함을 느끼게 하는 시간이었다. 퍼듀로 돌아오는 길은 늦은 밤이었지만, 오랜만에 두 아들과 떠들며 운전하니 어렵지 않았다. 시차 적응을 못해 끙끙대던 머리가 오히려 맑아지는 느낌이었다.

미국에 도착하던 날은 바깥 날씨가 추워 차창에 성에가 두껍게 끼었다. 운전하기 힘들 정도로 차가운 날씨여서 아들들과의 골프를 포기해야 하나 생각했다. 다행히 일요일은 약간 쌀쌀했지만 퍼듀 골프

클럽에서 라운딩할 수 있었다. 겨울 동안 발을 삐어 연습조차 할 수 없었지만, 아들들과의 라운딩은 정말 환상이었다. 첫째의 긴 장타와 둘째의 정교한 아이언 샷에 감탄했지. 그런대로 만족할 만한 2007년 골프 시즌 오프닝이었다. 무엇보다 두 아들과 걸으며, 카트 타며, 떠들고 박수 치며 지낸 기분 좋은 4시간이었다. 특히 아들들이 어깨에 골프 백을 둘러메고 걷는 그 뒷모습이 아주 듬직했다.

저녁 후 월요일부터 수업을 시작하는 둘째가 아파트 문을 나서며 여러 번 손을 흔드는 모습을 뒤로하고 샴페인으로 첫째와 떠나려니 발이 떨어지지 않았다. 목요일에 치르는 유전학 시험이 어렵다며 걱정하는 모습이 안쓰러웠지만, 수요일에 다시 와 저녁을 함께하자고 하며 파이팅을 외쳐 주었다.

첫째가 운전면허 필기시험을 보러 가자고 해 시험장에 갔으나 면허시험장이 월요일에 문을 닫는 바람에 허탕 치고, 골프장으로 향했다. 골프에 자신이 붙은 첫째가 겨우내 라운딩을 못해 뭔가 해보려고 애쓰는 모습이었다. UIUC 골프 클럽에서 첫째와 즐겁게 라운딩 후 레드 랍스터에서 파스타 타임, 그동안 밀린 얘기를 하느라 10시 넘어까지 앉아 있었다. 나의 옛날이야기도 들려주고, 이제는 23세 어엿한 성인으로 성장한 아들들에게 해야 할 역할을 부탁했다. 내가 알고 있는 범위 내에서 여러 가지 진로 관련 토론도 했어.

다음 날 첫째와 다시 찾아간 운전면허시험장에서 다시 한번 돌아서야 했다. 이번엔 사회보장카드 원본이 없단다. 첫째를 달래 사회보장카드 재발급 신청을 하고, 바람이 불지만 골프장으로 향했다. 마음대로 되지 않는 골프, 사는 모습과 비슷하다고 생각한다. 바람이 불지만 가능성을 갖고 확률을 계산하며 최선을 다하는 게 인생이요, 골프라는 생각이다.

목요일 시험을 앞둔 둘째를 응원하고 저녁을 함께하려고 퍼듀로 또 달려갔다. 종일 공부하며 얼마나 진을 뺐는지 피곤한 얼굴인 둘째와 저녁을 먹고 격려만 남기고 또 샴페인으로 돌아왔다. 돌아오는 차에서 첫째가 낮에 골프 연습 중에 힘을 잘못 주어 목이 아프다 해서 목뼈에 이상이 있는 것은 아닌가 걱정도 되었다. 밤에 수건을 뜨겁게 데워서 찜질을 해주니 한결 좋아졌다고 하여 다행이었다.

최근 미국에서 인기 끌고 있는 드라마, 'Prison Break'를 봤다. 우리나라 드라마의 아기자기한 집안 이야기와는 여러 면에서 좀 대조되었다. 일단 스토리 배경 규모가 크고, 전개는 매우 논리적이고 과학적이었다. 드라마의 관념을 깬 흥미진진한 이야기 전개에 난 또 하나의 새로운 체험을 했다. 한국과 미국의 드라마를 언어와 문화 장벽 없이 아이들이 즐길 수 있다고 생각하니 마음이 뿌듯했다.

오늘은 조금 늦게 일어나 책방에 갔다. 대학원 진학을 목표로 하는 첫째를 위해서 GRE_{Graduate Record Examination, 미국 대학원 수학 자격시험} 관련 책을 사고, 의대 진학을 원하는 둘째를 위해서도 참고 서적과 MCAT_{Medical College Admission Test, 의과대학 입학시험} 관련 책 한 권을 샀다. 첫째 둘째가 나의 20대 때와 달리 자신의 장래에 확신이 있어 참 든든하고 기뻤다. 인생은 말대로 된단다. 이러한 긍정적인 생각과 확신에 찬 말이 너희들 인생에 계속되길 바란다.

점심에는 첫째가 자신이 제일 잘하는 스파게티를 만들어줘서 아주 잘 대접받았다. 내가 평생 먹어본 스파게티 중 최고였다. 아들 손 맛도 있었지만 사실 맛도 좋았다.

점심 후 첫째와 다시 둘째에게로 달렸다. 두 아들과 함께 저녁을 했다. 둘째가 시험을 잘 본 것 같아 부담 없이 가볍고 즐거운 식사였다. 낯선 문화에 적응하고 외로움을 견디며 열심히 공부하고 있는 아들들이 정말 대견하고 고마웠다. 늦은 밤, 둘째를 두고 첫째와 다시 샴페인으로 출발했다. 운전하는 내내 천둥 번개가 심하게 치고 비가 억수로 쏟아졌다. 내 평생 이렇게 많은 빗속을 운전하기는 처음이었다. 위험했지만 즐거운 운전이었다.

꿈같은 일주일이 가고 몇 시간 후, 한국으로 돌아갈 시간이 왔다. 몸은 다행이라 여기는데 아들들과 헤어지려니 매우 섭섭했다. 아침 식사를 위해 첫째가 전기밥솥에 밥 안치는 것을 보고 잠을 청했다.

첫째가 준비한 흰쌀 밥에 달걀 스크램블, 본인이 직접 볶았다는 고추장 반찬으로 맛있는 아침 식사를 마치고 그동안 정들었던 아파트를 떠났다. 비행장에서 첫째의 배웅을 받으며 한국행 비행기에 올랐다.

  비행기가 활주로를 떠나 이륙하는 순간 나의 22살, 23살이 떠올랐다. 그즈음의 나는 군대에서 제대를 앞두고 불확실한 미래로 걱정이 많았다. 첫째 둘째가 비슷한 방황을 하지 않을까 염려했지만, 너희들은 나와 달리 제 길을 척척 잘 가고 있더구나.

  이번 여행은 두려움으로 방황할 가능성이 있는 너희들과 얘기를 나누고 방향을 정하는 데 도움이 되며, 공부하며 쌓인 스트레스를 잠시나마 풀어주기 위한 여행이었는데 오히려 내가 더 많은 위로를 받은 시간이었다. 너희들에게도 유익한 시간이었기를 바랄 뿐이다.

  집에 돌아오니 또 꿀맛 같은 휴식이 기다리고 있다. 그래, 행복은 마음먹기 달렸나 보다. 어디에 있든 제자리에서 최선을 다하는 가족이길 바란다.

우리 민족의 힘 - '배움'과 '빠름'

2007년 4월 1일

지금으로부터 33년 전인 1974년에 아빠가 대학에 입학했다. 그때 처음으로 청량리와 서울역을 지하로 달리는 전철이 개통되었다. 만원 버스 안내양이 소리 지르며 버스에 매달려 사람들을 밀어 태우는 모습이 익숙한 시절이기도 했다. 가난에서 벗어나려고 온 국민이 전력으로 뛰었었는데 이제는 눈부시게 성장하여 세계를 상대로 경쟁하는 국가가 되었다. 대한민국은 참 위대한 나라야.

이제 한국은 무역 수지 세계 11위에 이르는 경제 대국이 되어 수출 총액이 3,000억 달러거의 300조 원, 2006년에 달한다. 1964년 1억 달러에서 1977년 100억 달러 그리고 1995년 1,000억 달러 달성으로, 세계 역사에 유례가 없는 가파른 속도로 발전하고 있는 나라다. 2007년 4월 2일에는 미국과 KORUS FTA한미 자유무역협정를 성사시켜 세계를 놀라게 하기도 했다.

KORUS FTA는 한국과 미국이 자동차, 반도체, 쇠고기, 통신, 서비스 등 많은 산업 분야에서 서로 관세를 없애 상호 무역이 더 활발할 수 있도록 하는 것이다. 관세란 수입이나 수출할 때 자국 산업을 보호하기 위해 물건값에 일정 비율로 부과하는 세금이다. 만일 미국에 자동차를 수출할 때 약 3%의 세금이 부과된다면 한국 자동차는 미국 시장 내 가격 경쟁력이 떨어지게 되겠지. 한국과 미국 사이에 자유무역협정이 체결되었다는 것은 미국이 한국을 동급의 파트너로 인식한다는 의미로 한국 경제 전망에 청신호다.

미국이 한국을 선택해 새로운 경제체제를 구축하려는 이유는 그들이 우리의 잠재력을 인정한 것이지만, 한편으로는 중국의 성장에 대비하려는 의도도 있다. 어찌 되었든, 우리나라 고도성장 배경이 무엇일까 생각해 보자.

아빠가 진단하기에는 첫째로 '배움'을 꼽고 싶다. 예로부터 교육 열기가 어느 민족보다 뜨거운 민족이 우리다. 고려 때에는 말을 부리는 하인도 시를 읊었다. 배움의 욕구가 얼마나 큰 민족인지 짐작이 간다. 부모는 어렵게 굶더라도 자식 교육을 위해서는 머리카락도 잘라 팔았던 게 우리 선조들의 교육열이다. 이런 전통이 바로 국가의 부富를 만들고 사회를 발전시키는 원동력이라고 생각한다. 현대 부모도 다르지 않다. 자식을 대학에 보내기 위해 허리띠 졸라매는 사람이 한둘이 아니야.

2007년 현재 미국 이민국 통계에 따르면 한국 유학생 수는 9만 3천 명대학생 수는 약 8만 7천 명, 조기 유학생 수는 약 6천 명 이상으로 인도를 제치고 부동의 1위다. 물론 1년에 약 44억 달러를 유학 비용으로 소비하고 있지만, 이런 노력이 우리의 힘이 아닌가 생각한다. 우리도 이 가운데에 있는 가족이다.

두 번째 기질은 바로 '빠름'이다. 단체 여행을 다녀보면 정말 웃지 못할 일 중 하나가, 현지인 가이드들이 다른 말은 몰라도 모두 '빨리빨리'를 알고 따라 한다는 것이다. 한국 여행객이 가장 많이 쓰는 말이 '빨리빨리'인 모양이다. 서두르는 게 늘 좋은 건 아니지만 부지런한 민족성의 단적인 예가 아니겠니.

'빨리' 지식을 습득하고 이를 활용하는 부지런함이 바로 우리나라를 여기까지 끌고 왔다고 자부한다. 한국은 이제 개발도상국 딱지를 떼고 IT 강국으로 세계 경제를 주도하는 위치에 섰다. 이 변화의 중심에 너희가 있기 바란다.

막내의 캐리커처 앞에서
2007년 4월 21일

　오늘 우연히 방에 걸려 있는 막내 캐리커처를 들여다보니, 정말 특징이 잘 표현되어 있구나. 2000년, 7년 전에 우리 식구들이 디즈니 월드에 갔을 때 거리 화가가 그려준 그림이지. 우리 막내는 얼굴이 갸름하고 눈이 약간 가늘고 눈 끝이 아래로 처져 있으며, 콧망울이 약간 두드러지고 입술이 예쁘장한 게 특징이다. 전체적인 이미지는 선해 보이면서도 강하고 똑똑해 보이는 인상을 갖고 있다. 지금 이 시간에 TOEFL을 보고 있을 막내가 보고 싶구나. 시험 시간 내내 머리가 맑아서 좋은 성적을 받으면 기쁠 텐데.

　하여튼 막내 캐리커처를 보며 그걸 그린 사람의 관찰력과 상상력을 높이 평가하게 되었다. 오늘은 로버트 루트번스타인과 미셸 루트번스타인이 함께 쓴 《생각의 탄생》이란 책을 소개할 생각이다.

　우리가 모두 알고 있는 수학자, 물리학자인 아인슈타인이 친구에게 보낸 편지에서

"수학이 애먹인다고 걱정하지 말게. 나는 자네보다 훨씬 심각하네"라고 했다고 한다. 흔히 천재란 복잡한 이론과 논리로 철저한 사고를 하는 사람으로 생각하지만, 사실은 그렇지 않다고 한다. 아인슈타인은 "과학자는 공식으로 고민하지 않는다"라고 말하며 이렇게 설명했다. "직감直感과 직관直觀, 사고의 본질이라고 할 수 있는 심상心像이 먼저 떠오르고, 말이나 숫자는 이것의 표현 수단에 불과하다." 과학, 수학 등 어느 분야건 가장 중요한 것은 사물이나 현상을 접했을 때 바로 느낄 수 있는 직감에 의해서란 생각이 든다. 이러한 직감은 상상력으로 이어지며 창조의 근원이 된다.

막내의 얼굴을 그린 화가와 같이 직감적으로 느끼는 재주는 예술가뿐 아니라 과학 천재들도 공통으로 지닌 능력이라고 이 책은 말하고 있다. 그러면서 13가지 생각의 도구관찰, 형상화, 추상화, 패턴인식, 패턴형성, 유추, 몸으로 생각하기, 감정이입, 차원적 사고, 모형 만들기, 놀이, 변형, 통합를 제시하고 있지만 '생각의 도구'는 결국 '상상력'과 '직관'으로 요약된다. 저자는 직관적인 상상력을 키워야만 미래를 자기 것으로 만들 수 있다고 한다. 그러기 위해서 통합교육의 중요성을 말하고 있어.

아빠도 '관찰', '상상', '직감', '통합'은 미래 세계를 선도할 키워드라는 생각이 든다. 얼마 전 삼성 계열사 사장이 앞으로의 세계는 문과, 이과, 공학과 예술이 하나로 통합된 사고가 필요하며 이에 따른 연구가 시작되었다고 했다. 그는 통합적 사고를 위해 '미래기술

연구회'를 만들어 자연과학, 사회학, 공학, 의학, 예술 등 각 분야 전문가들과 함께 토론하는 모임을 주관하고 있다고 한다. 공학도라고 해서 공학만을 고집한다면 그는 미래 사회에서 도태하고 말 것이다.

  너희들도 전공 수업 외에도 여러 분야의 지식을 습득하여 통합된 관찰력, 상상력, 직감을 훈련하기 바란다. 다양한 분야의 독서와 영화도 많이 보고, 친구들도 많이 사귀고, 예술에 관심을 가지며, 봉사도 하고 등등. 욕심 많은 아빠를 이해해라.

  마지막 남은 기말고사 마무리 잘하기 바란다.

고향의 봄

2007년 4월 29일

나의 살던 고향은 꽃피는 산골

복숭아꽃 살구꽃 아기 진달래

울긋불긋 꽃 대궐 차리인 동네

그 속에서 놀던 때가 그립습니다

날씨가 따뜻해져 사방에 아름다운 꽃이 피었구나. 작곡가 홍난파 님의 노래 '나의 살던 고향은'이 저절로 새어 나오네. 아빠는 꽃모종을 사서 종일 정원에 꽃 심으며 하루를 보냈다. 그러자니 어릴 때 부르던 노래도 떠오르고, 혼자 흥얼거리기도 했지. 아빠가 어릴 때 자라던 고향 생각도 나고, 멀리 있는 아들 생각도 나고 그런 날이었네.

강화도엔 선산이 있고, 아빠가 태어난 집이 아직도 있어 얼마나 다행인지 모른다. 고향 집에 가면 여름에 멱 감던 일, 집 주변 산 뛰어다니며 놀던 일이 어제 일처럼 그려지곤 한다. 학교나 세상일에 지쳤을 때 그곳에 가면 마음이 편안해지곤 했어. 물론 지금도. 고향 개울과 산이 개발에 밀리지 않고 그대로 있다는 게 얼마나 감사한지 모른다.

요즘 도시의 아이들은 고향을 잃고 또는 잊고 사는 거 같아서 매우 안타깝단다. 동심은 없고 경쟁에만 길드는 건 아닌지, 젊음은 잃고 돈만 좇는 건 아닌지 말이다. 아들아, 고향을 등진 사람, 고향이 없는 사람은 외롭단다. 아무리 문명사회가 되었어도 흙냄새 나는 고향을 품고 살기 바래.

내 아들, 아빠 따라다니느라 참 많은 곳에 고향을 두었을지 몰라. 시카고에서 태어나 대전에서 유치원을 마치고, 서울에서 초등학교 졸업 후 중학교 때 아빠가 연구 교수로 미국에 갔을 때부터 유학이 시작되었으니 아들의 그리움은 어디쯤 저장되어 있을까. 고향 생각을 하니 아빠 직장으로 인해 이곳저곳 많이 옮겨 다니게 해서 미안한 생각이 드네. 변화무쌍한 환경을 잘 받아들이고 잘 커줘서 고맙다.

한국 사람에게 고향은 조상의 뿌리가 있는 곳이기도 해. 그런 의미에서 아들의 고향도 강화도지. 누가 고향을 묻거든 강화도라 하렴. 일찍이 할아버지가 사셨고 아빠가 살던 곳, 네가 기억하지는 못해도 어릴 때 자주 가던 곳, 강화도를 잊지 말아라. 긴 생을 살면서 더러 지치고 힘들 때 강화도는 네게 휴식을 줄 것이다.

이제 미국으로 가볼까? 역시 오래된 노래지만 모든 미국인에게 익숙한 노래가 있지. 존 덴버의 '테이크 미 홈 컨트리 로드Take me home, Country roads'. 고향 버지니아의 아름다운 자연과 어린 시절의 추억을 그리워하는 내용이야. 요즘도 젊은 군인들이 멀리 전쟁터에서 즐겨 부르는 노래가 이 노래라는구나.

Almost heaven, West Virginia

Blue Ridge Mountains, Shenandoah River

Life is old there, older than the trees

Younger than the mountains, growin' like a breeze

Country roads, take me home

To the place I belong

West Virginia, mountain mama

Take me home, country roads

아파트 주변에 핀 철쭉 사진을 보낸다.

안녕.

5부

변화를 빨리 감지해야 하고, 변해버린, 사라져버린 치즈에
집착하지 말며 두려움 없이 새로움을 추구하는
현명한 사람이 되었으면 좋겠다.

새로운 희망

2008년 1월 10일

 2007년 12월 14일 저녁 6시 우리는 모두 간절한 마음으로 이메일을 기다리고 있었다. 왜 답이 없지? '제발 그냥 붙어만 다오.' 아니! 그런데 제목이 "Congratulation from Johns Hopkins University존스홉킨스대학 합격을 축하합니다." "아! 이제 됐구나." 우리는 서로 손을 잡고 뛰기 시작했다. 드디어 막내가 미국의 명문 사립대에 당당히 조기 합격정시 모집에 지원한 학생들보다 먼저 입학 여부를 결정할 수 있다. 한국의 수시 모집 전형과 유사하다했다. 우리 막내가 그 어려운 일을 해냈구나. 이런 게 아빠 인생의 보람이고 앞으로 살아갈 희망이 아니겠느냐? 열심히 해준 막내에게 세상 모든 찬사를 퍼붓고 싶다! 새로운 희망이 시작되었다. 막내야. 다음 기착지를 향해 또 열심히 가다오.

 그렇게 큰 결과를 얻고 12월 15일에는 첫째가 도착하고, 17일에는 둘째가 한 학기를 마치고 합류하니 오랜만에 미국에서 우리 다섯 식구가 한자리에 모이게 되었다. 밀린 얘기들을 하느라 앞다투어 떠드는 너희들을 보면서 아빠 엄마는 참으로 행복했단다.

 오래전부터 준비해온 남미로의 가족 여행이 드디어 12월 24일에 시작되었다. 그동안의 긴장을 모두 내려놓고 모두가 가벼운 마음으로 페루로 가는 비행기에 몸을 실었다. 페루는 수도 리마 지역을 제외하고는 해발고도 3,500m가 넘는 고산 국가다. 게다가 아직은 가난한 국가라 많은 불편함과 위험에 대한 걱정이 있긴 했었지. 하지만 가족 모두가 함께하는 여행이라 우리는 많이 들떠 있었고, 잉카의 유적지인 나스카 라인, 마추픽추, 티티카카 호수 등을 여행하는 동안 그런 불안은 사라져 버렸다. 정말 즐거운 일주일을 보냈어. 과거의 역사를 느끼고 미래를 설계하는 시간을 가졌던 거 같아.

 아들들, 2007년 멋지게 마무리하고 새로운 마음으로 2008년으로 떠나자. 막내는 홉킨스대학에서 새 출발을 할 테고, 둘째는 MCAT 미국 대학 졸업자들이 의과대학원에 입학하기 위해 치르는 시험준비를 하며 홉킨스 근처의 NIH국립보건원에서 일을 시작하겠구나. 첫째 역시 존스홉킨스 대학원에 진학할 꿈을 안고 학업에 진력할 것이니 정말 희망찬 새해다. 아빠는 아들들에 대한 기대로 벌써 마음이 크게 부푼다.
 아들들아, 열정을 갖고 새롭게 나아가자!! 우리 온 가족이 서로 밀고 당겨 주니 자신을 갖고 잘해보자! 건강해라.

입춘대길 立春大吉
2008년 2월 9일(음력 1월 15일)

이제 2월이 한참 지나고 입춘도 어느덧 지났으니 봄 내음이 대지에 가득하구나. 날씨는 제법 포근해져서 땅이 부풀어 오르고 겨우내 앙상했던 나뭇가지에는 조그마한 새싹이 돋아나고 있다. 정원에도 새들이 떼 지어 날아와 지저귀고 있지. 봄이로구나.

아빠 어렸을 땐 봄이 오면 집집마다 대문에 '立春大吉입춘대길' '建陽多慶건양다경'이 크게 붙어 있었다. 새봄에 밝은 기운으로 크게 길하고 집안에 경사가 가득하기를 기원하는 글귀다. 농경사회에서 입춘은 한 해 농사를 준비하는 시점이란다.

그리고 음력 1월 15일은 '정월 대보름'으로 오곡밥에 각종 나물을 먹고 동네 사람들이 모여 그해 농사를 준비하고 여러 민속놀이를 즐겼다. 봄맞이 축제라고 할 만하다. 대보름 새벽에 일어나면 '부럼'이라 하여 견과류호두, 땅콩, 잣, 밤 등를 입으로 깨는 풍습이 있다. 한 해 동안 부스럼이 생기지 말라는 뜻으로, 건강한 한 해를 기원하는 의미란다. 저녁에는 볏짚을 쌓아 놓고 불을 붙이는 달집태우기를 하며 둥근 보름달을 보고 소원을 빌기도 했다. 아빠도 강화도 시골집에서 할머니와 함께 소원을 빌었던 기억이 난단다.

어제는 할아버지, 할머니, 작은 아빠네, 고모네가 모여 점심을 함께했다. 할머니가 오곡밥을 해 주셔서 다들 맛있게 먹었지. 오곡밥과 나물은 건강에도 정말 좋은 음식이다. 너희와 함께하지 못해 매우 아쉬웠다.

보고 싶구나. 立春大吉, 아빠의 바람이다. 아들들과 함께 연 날리고, 오곡밥 먹고, 부럼 깨고, 보름달 보며 소원을 빌 수는 없지만, 이 행운의 덕담과 함께 너희의 안녕을 빈다.

정월 대보름 저녁에.

P.S: 바쁘겠지만, 아주 잠시 여유를 갖고, 교실까지 가는 동안 길가에, 또 아파트 화단에 새봄이 꿈틀거리는 모습을 한 번쯤 보아주렴.

존스홉킨스대학 캠퍼스를 다녀와서
2008년 2월 27일

둘째가 학교가 있는 퍼듀로 돌아간 후 첫째, 막내와 함께 존스홉킨스대학에 다녀왔다. 그동안 막내가 합격한 학교로 막연하게 사진으로만 보고 있던 엄마와 이제 곧 4학년이 되는 첫째가 대학원 진학을 앞두고 가고 싶어 하는 대학이라 우리는 모두 홉킨스대학이 보고 싶었다. 둘째도 한때 들어가고 싶은 대학이어서 가고 싶었을 텐데 함께하지 못해 아쉬웠다. 앞으로 기회가 또 있겠지.

뉴타운에서 2시간 운전하면 도착하는 존스홉킨스대학 캠퍼스는 메릴랜드주 볼티모어시에 있다. 약간 쌀쌀한 날씨였지만, 아침 10시경 출발하여 아빠는 열심히 쉬지 않고 I-95를 따라 달렸어. 전혀 지루하지 않고 기분 좋은 운전이었다.

학교 주변 도로가 그리 깨끗하지는 않더라만, 대도시 학교치고는 상당히 잘 정돈되어 있고 학생들이 생활하기에 불편함은 전혀 없어 보인다는 데에 우리 식구의 의견이 일치했다. 빈민가가 가까이 있다는 우려가 좀 있지만, 학교 측에서 치안에 상당히 신경을 쓰고 있다는 기사를 본 기억이 나 그런대로 안심이 되었다.

깔끔하게 정리된 캠퍼스 안으로 들어서며 막내가 다닐 학교라고 생각하니 감회가 새로웠다. 아빠가 여름에도 왔었는데 그때와는 다른 느낌이었어. 엄마와 첫째는 처음 보는 대학 전경에 "예쁘다", "아담하다", "깨끗하다" 등 감탄사를 연발했단다. 명문 사립으로서의 면모를 갖추고 있다는 생각을 하며 교내 여기저기를 둘러보았다.

잘 정리된 지하 주차장에 차를 세우고 올라가니 바로 컴퓨터센터이고 옆에 전기공학부 건물이 있었다. 현대식으로 새로 지어 내부가 정말 깨끗하고 안정된 분위기에서 공부에 전념할 수 있겠다 싶었다. 첫째가 대학원으로 오고 싶어 하는 기계공학부는 약간 오래된 건물이었지만, 고풍스러운 분위기를 하고 있었다. 노련한 학자 같은 느낌이랄까, 아무튼 모든 게 만족스럽구나. 건물을 빠져나와 중앙광장 잔디밭에서 본관 건물을 배경으로 사진을 찍었다. 추위에 떨면서.

캠퍼스를 뒤로하고 우리는 볼티모어의 부둣가로 달려갔다. 볼티모어 부둣가는 최근 새롭게 개발한 곳으로 예쁘고 깨끗한 현대식 분위기의 식당들이 늘어서 있더구나. 여름에는 거리가 젊음으로 넘쳐날 거 같았어. 우리 막내에게 잘 어울리는 장소라는 생각이 들었다. 부두가 내려다보이는 일식당에서 우리는 맛있는 초밥과 롤로 배를 채우고 기분 좋게 호텔로 출발했다.

존스홉킨스대학은 미국 내 13위, 세계적으로도 20위 정도의 대학이며 특히 의학, 생명공학 분야에서는 세계 1, 2위를 다투는 명문 사학이다. 막내의 입학으로 우리 모두 명문대학으로 진출할 수 있는 새로운 전기를 마련했다는 생각이 들고, 그렇게 되도록 첫째 둘째도 최선을 다해 줄 것을 희망한다.

나아갈 길이 보이면 실천하고 추진하는 자세가 필요하다. 다 같이 파이팅!

엄마가 '홀인원'하다!

2008년 3월 20일

"○○○ 님이 홀인원했대!"

아빠 앞에서 공을 치던 한 분이 갑자기 소리를 친다. 아니 애들 엄마가 홀인원을? 우와! 동반자들이 너도나도 축하한다는 말을 건네니 갑자기 기분이 좋아지기 시작했다. 홀인원 보험에 들 걸 하는 후회도 잠깐, 흥분된 마음을 감출 수가 없었다. 하여튼 2008년 3월 18일 ㈜ 3시 30분경에 아시아나CC 서코스, 105야드 13번 홀에서 엄마가 세 명의 동반자와 캐디가 보는 앞에서 홀인원을 했다.

골퍼들의 가장 큰 소원은 역시 홀인원이다. 골프에서 티샷한 공이 그대로 홀컵으로 들어가는 '홀인원'은 프로 선수도 좀체 경험하기 힘들다. 어떤 통계에 의하면 홀인원을 할 확률은 1만 2천분의 1이라 한다. 파 72, 18홀에 보통 4개의 파 3홀이 있고, 일주일에 한 번씩 일 년에 50번 라운딩을 한다면 연 200번의 기회가 있으니 60년에 한 번 나오는 확률이다. "한 번 홀인원을 하면 3년간 행운이 따르고, 그 장면을 지켜만 봐도 1년간 재수가 좋다"라는 말이 있을 정도다. 기업인이 홀인원을 하면 사업이 번창하고, 직장인은 승진길이

트인다고 한다. 실제로 많은 홀인원 경험자들이 비슷하게 좋은 일이 많이 생겼단다.

아침에 엄마와 함께 골프장을 가며 차에서 홀인원할 때가 됐다는 얘기를 농담처럼 주고받았었지. 피그말리온 효과도 얘기하며 골프장에 도착했다. 피그말리온 효과란 '믿음이나 기대하는 대로 실현되는 현상'을 말한다. 오늘 엄마가 그걸 증명했구나.

엄마의 홀인원 기운으로, 올해 막내의 존스홉킨스대학 입학과 더불어 앞으로 우리 집에 많은 경사와 행운이 함께할 것이란 기대가 든다. 첫째와 둘째는 3학년 2학기로 대학 생활에서 가장 중요한 시기이다. 4학년이 되기 전에 앞으로 사회에 진출하여 어떻게 살아가야 할 것인지 깊이 생각하여 준비해야 할 때다. 그리고 올해 말부터는 실행에 옮겨야만 정상적인 사회 진출이 될 것으로 생각한다. 모두 잘되겠지. 너희를 믿으면서도 잔소리가 멈추지 않는구나. 이해해라.

엄마가 홀인원도 했겠다. 지난번 편지 '홉킨스, 새로운 희망'도 있으니 앞으로 3년간 우리 가족 모두 바라는 일 성취되고, 건강할 것을 굳게 믿게 되었다. 파이팅! 희망이 있다.

선물

2008년 4월 10일

막내가 남아프리카에서 보낸 선물이 도착했다. 선물은 언제 받아도 기쁨을 주는구나. 멀리서 아빠 엄마 생각하며 선물을 고르고 우편으로 보냈을 막내를 생각하니 참으로 고맙다. 이 물건이 무엇이든 정말 소중하게 느껴진다. 그리고 오늘은 첫째 생일이다. 생일 선물로 무엇이 좋을까 생각하다가 선물의 의미를 새겨보게 되었다.

얼마 전 신문에서 어버이날 선물로 가장 인기 있는 게 바로 현금이란 기사를 봤다. 글쎄 현금을 주고받으며 서로가 필요한 것을 사거나 식사하라는 좋은 의미로 해석할 수도 있으나 한편으론 지나치게 현실적이란 생각도 든다. 선물은 마음의 전달이지 금액으로 환산할 성질이 아니지 않은가? 아무리 하찮은 물건이라도 마음이 담기면 그 물건은 물건 본연의 가치를 뛰어넘는 무엇이 된다. 선물은 그런 것이어야 하지. 또 분수에 맞지 않는 선물은 서로를 불편하게 하거나 선물을 가장한 뇌물이 될 수 있단다.

아빠가 엄마에게서 가장 처음으로 받은 선물은 조그마한 샤프 연필이었다. 지금으로부터 30년 전, 정말 오래전에 받은 이 선물은 아직도 아빠가 소중하게 간직하고 있는 엄마 마음의 표시다. 그 당시 아빠가 학생이었으니 당연히 샤프는 아주 실용적이면서도 미래를 계획하라는, 공부 잘하라는 엄마의 뜻이었으리라. 지금은 낡아 볼품없지만, 아빠에게는 가치를 따질 수 없는 중요한 물건이란다.

하여튼 막내가 보내준 정성스러운 선물로 아빠 엄마는 행복하구나. 너희 생일에 함께하지 못해 미안하고 서운하다. 선물을 주고받지 못하는 대신 항상 꽃을 보내는 엄마 아빠 마음을 이해해 주기 바란다. 우리 서로 선물을 주고받는 배려의 마음을 갖도록 노력하자.

오늘은 첫째의 생일인데 보고 싶은 마음뿐이다.

봄의 끝자락에서
2008년 4월 20일

　봄이 가나 보다. 개나리 진달래가 흐드러지게 피었다 지고, 철쭉이 장관을 이루더니 그 시간이 순식간에 지나버렸다. 요 며칠은 갑자기 기온이 30도까지 오르면서 기습적 더위가 찾아왔단다. 이상 고온이지. 지구온난화가 걱정이다. 아빠 세대는 기후변화에 적응해 가겠지만, 너희가 살아갈 세상이 걱정이다. 기후변화 캠페인이 전 세계적으로, 좀 더 적극적으로 일어났으면 하는 바람이 있다. 환경 보호에 너희만이라도 앞장서도록 해라. 쓰레기 좀 덜 만드는 노력을 하고, 에어컨 대신 창문을 여는 노력을 해보면 좋겠다는 생각이 든다.

　지난주에는 고모가 할아버지 할머니 모시고 양평에 가서 하룻밤 자고 왔다. 봄 소풍을 제대로 하고 온 거 같아. 즐거운 일이지. 아빠 엄마도 함께했으면 좋았을 텐데 시간을 맞추지 못했다. 그래서 어제는 할머니와 엄마 아빠, 셋이 야외에 나가 한적하게 점심을 즐기고 왔단다. 오늘은 외할머니와 함께 또 소풍했지.
　30도를 웃도는 날씨를 봄이라 해야 할지 모르겠다만, 상쾌한 공기와 연두색으로 뒤덮인 산과 들을 보고 오니 눈의 피로가 싹 가시는 느낌이 들더라. 봄이면 아빠가 항상 정원 가꾸는 것을 너희도 기억하겠지?

봄이 오는 초입에 갖가지 색 팬지를 심었었지. 지금 정원엔 팬지가 활짝 피어 있구나. 최근 며칠 동안에는 베고니아와 이탈리아 봉숭아, 한국 토종 봉숭아 모종을 사와 열심히 정원을 꾸몄다.

너희가 있을 때는 꽃을 보아줄 사람이 있다는 생각으로 재미가 있었는데, 요즘은 정원에 나와도 허전하기만 하다. 그래도 열심히 물 주고 풀도 뽑고 해야지. 너희가 와서 이 꽃들을 봐주기 바라면서 말이다.

요즘 서울 기온은 사막 날씨 같아. 연일 고온에 비가 오지 않아 땅이 매우 건조해. 정원에 물 주는 시간이 많이 길어졌다. 봄이 이대로 끝나버릴 모양이다. 여름이 코앞에 온 듯해.

이상 고온 현상은 산업화 및 수송 과정에서 분출되는 이산화탄소 가스와 관련이 있다. 특히 아시아 지역의 지표면 온도가 예년보다 $1.8°C$나 높아 더위가 일찍 찾아온 것이라 한다. 환경에 대한 관심을 가져야겠다. 남 얘기하듯 환경문제를 다루어서는 안 된다고 생각해. 환경문제는 우리 생활에 직접 영향을 끼치는 것은 물론이고 미래에는 인류 생존 문제와 직결될 수 있지. 미국이 좀 더 적극적으로 나서 주면 좋을 텐데 그러지 않는구나. 일본이나 유럽보다 인구 밀도가 낮고, 넓은 영토를 가진 미국이 소극적인 자세를 취하고 있어

답답한 마음이다.

  앞으로 환경은 생명공학과 함께 엄청난 연구가 필요한 분야가 될 것이다. 환경이 돈인 세상이 올지도 모르지. 생활 속에서도 환경 지킴이가 되기 바라고, 학문적으로도 환경에 관심을 가져보면 좋겠구나.

  아들들이 사는 곳 날씨는 어떤지, 덥지는 않은지, 계절에 비해 춥지는 않은지 궁금하구나. 할머니, 아빠는 감기로 고생하고 있고, 엄마는 꽃가루 알러지로 기침 재채기를 계속하며 힘들어하신단다. 모두 계절의 변화에 따른 현상들이다. 하여튼 환절기에 건강 조심하기 바란다.

카네이션을 받고
2008년 어버이날에

　이른 아침 도착한 카네이션 바구니에 엄마 아빠는 진정 기쁨을 감출 수 없었단다. 정성 어린 너의 글은 더욱 가슴을 뭉클하게 했지. 눈물이 고이더라.
　보고 싶구나! 항상 너희들을 위한 기도로 하루를 시작하고 잠들기 전에는 감사 기도를 빠뜨리지 않고 하고 있다. 열심히 살아가는 너희들 모습을 기특하게 생각하며 엄마 아빠는 보람을 느끼고 살지. 이게 사는 맛이란 건가?
　할머니, 할아버지, 외할머니께도 잘해야 한다. 어제는 너희들 사촌이 와서 찌개를 맛있게 끓여 함께 먹었단다.
　항상 기쁘게 긍정적으로 살려고 노력하자.
　꽃과 글 고맙다.

누가 내 치즈를 옮겼을까?
2008년 8월 마지막 날에

이제 우리 가족에게 새로운 변화가 시작되었다. 변화란 위기이자 기회지.

우리 세 아들 모두 새로운 도약을 준비하고 있구나. 막내는 처음 시작하는 대학 생활에 적응해야 하고, 둘째와 첫째는 앞으로 무엇을 하며 나머지 50년 이상을 살아갈 것인가를 결정지을 중요한 변화의 출발선에 섰다. 지금까지 잘 준비해 왔지만, 이제부터가 진정한 시작 아니겠니?

《누가 내 치즈를 옮겼을까?》는 스펜서 존슨Spencer Johnson의 저서로 너희들도 《선물》이라는 소설과 함께 다 읽은 것으로 안다. 치즈는 우리가 가진 능력, 돈, 명예 등 행복의 조건이지. 이 치즈는 때론 누가 옮겨가기도 하고, 썩어버리기도 하지. 보통 사람들은 이런 치즈의 변화를 갑작스럽다고 느끼지만, 대부분은 준비할 시간을 갖도록 해준다는 것이다. 이 변화를 느낄 수 있어야 한다고 저자는 말한다. 그래야 변화에 대처할 수 있고, 다른 창고의 치즈를 찾아 나서야 새로운 행복의 치즈를 가질 수 있다는 간단한 이야기다. 변화를 빨리 감지해야 하고, 변해버린, 사라져버린 치즈_{과거의 행복, 조건}에 집착하지 말며 두려움 없이 새로움을 추구하는 현명한 사람이 되어야 한다는 내용이다.

우리도 새로운 치즈를 찾으러 가도록 하자.

첫째는 대학원에서 장학금을 받으며 공부하여 'Doctor, Professor'라는 맛있는 치즈를 찾고, 둘째는 의과대학에 진학하여 'Medical Doctor'라는 아름다운 치즈를 만들고, 막내는 대학에서 우등생으로 졸업하여 본인이 즐기며 살아갈 수 있는 '멋진 직업'의 행복한 치즈를 요리하는 인물이 되기를 진정으로 바란다.

새로운 시작이다. 뚝심 있게 밀고 나가는 열정이 우리에게는 있다!

건강해라. 오랜만에 글을 너희들에게 보내는구나.

보고 싶구나. 사랑한다.

예술성을 지닌 첫째에게

2009년 1월 17일

　그냥 우리 첫째가 생각나 편지를 쓰기 시작했다.
　얼굴 본 지 한참 되었구나. 항상 잘 지내고 있으리라 믿고 있지만, 한편으로는 걱정이 되기도 하지. 둘째는 벌써 돌아가서 학기를 시작했고, 막내는 아직 돌아다니며 놀기도 하고, 공부랍시고 아빠 학교에 와서는 미분방정식과 전자공학 개론을 공부하고 있단다. 얼마 전에는 친구와 스노보드도 타고 왔지. 내가 "왜 놀기만 하니?" 하면 지난 학기에 토하도록 공부했다나. 하하하. 그리고 가면 또 열심히 한다나? 글쎄 잘하겠지. 요사이 친구들이 군대 가기 시작해 본인도 어찌해야 좋을지 걱정이 많다고 하더라. 일찍 다녀와 잊고 살아가는 것도 방법이요, 아니면 공부 많이 하여 장교나 특수직으로 가는 것도 괜찮아 보이는데. 아빠가 나서서 이래라저래라하는 것보다 스스로 결정하는 게 좋겠다 싶어서 보고만 있다. 좋은 결정을 하겠지.

　우리 첫째는 이제 한 학기만 남겨놓은 졸업반 학생이구나. 입학이 얼마 전인데 벌써 졸업을 앞두고 있다니 시간이 빠르게 간다. 일단 군대 걱정, 미국 정착 걱정, 직업 걱정 없이 대학원이라는 목표가 있어 다행이다. 졸업 전에는 누구나 생각이 많아지는 법이니까.

 오늘은 토요일이지만 실용음악과 영화 연극 실기 고사가 치러지고 있어 학교에 나와 있단다. 약 150 대 1이란 치열한 경쟁 속에 입시에 임하는 학생들을 보고 있으려니 안쓰러운 마음이 든다. 우리 첫째도 예술가 기질이 상당히 있거든. 이 치열한 학생들을 보니 널 음대 보내지 않은 게 잘한 거 같단 생각이 든다. 예술은 정말이지 1등만 살아남는 장르 같아. 음악 전공은 아니지만 네가 갖고 태어난 예술성절대 음감과 그림 솜씨을 사장하지 않으면 좋겠어. 재즈 피아노 건반을 두드리며, 리듬에 맞추어 발을 흔들며 노래 부르는 네 모습, 그리고 집에는 음악 감상실과 그림 그리는 도구, 조각하는 도구가 가득한 너만의 공간을 잠시 상상했다.

 그동안의 노력으로 이제 졸업과 새로운 대학원 생활을 바로 곁에 두고 있는 아들에게 찬사를 보낸다. 혹시 후회되는 일이 있으면 모두 잊고, 또 멋진 미래로 가자. 할아버지 할머니를 비롯한 모든 가족이 너의 의연한 모습을 그리워하고 있단다.
 건강하게 잘 지내고, 5월 중순에 있을 졸업식을 기대한다.
 보고 싶구나.

문화 예술은 삶의 쉼터
2009년 1월 17일

오늘은 둘째가 많이 보고 싶다.

얼굴 본 지 얼마 되지 않은 것 같은데 한참 전에 떠난 녀석처럼 얼굴이 가물거리네. 항상 잘 지내고 있으리라 믿는다. 네 형은 이제 대학원 원서 내놓고 기다리고 있으니 걱정이 된다. 장학금 받고 원하는 대학원에 합격했으면 좋겠구나. 잘되겠지 하는 희망을 가져본다. 막내는 아직 돌아다니며 열심히 논다. 잔소리를 좀 했더니 가면 또 열심히 할 거래. 알아서 하겠지.

둘째도 이제 한 학기만을 남겨 놓은 졸업반 학생이구나. 공부하느라 고생 많았다. 이제 다시 의사라는 사명을 목표로 공부해야 할 테니 공부가 끝났다고 할 수는 없겠다. 의사의 길이 쉽지 않지만, 지금처럼 앞으로도 잘하리라 믿는다.

오늘은 토요일이지만 실용음악과 영화 연극학과 지원자들이 실기고사를 치르고 있어 학교에 나와 있단다. 지금 막 첫째에게 편지를 쓰고 지금 네게 쓰고 있다. 둘째는 예술에 타고난 재능은 없어 보이지만, 음악 미술 등 예술 세계에도 관심을 좀 가져봐. 직접 악기를 다루거나 그림을 그리는 것만이 예술 활동은 아니란다. 조금 노력해서 취미로라도 음악 미술 등에 관심을 가지면 인생이 한층 풍요로워질 것이다. 사람은 유전적으로 문화 예술에 동화하게 되어 있거든. 아름다운 음악회나 그림 전시, 사진 감상 등도 네 삶의 쉼터가 될 것이다. 조금씩 다가가 보렴.

 졸업을 앞두고 있다니, 그동안 열심히 공부한 아들, 장하다. 그리고 정말 축하해. 새로운 길을 모색하는 네 모습에도 찬사를 보낸다. 남은 한 학기 멋지게 마무리하기 바라고. 할아버지 할머니를 비롯한 가족 모두가 잘 자란 네 모습을 자랑스러워하고 있다.
 건강하게 잘 지내고, 5월 중순에 있을 졸업식을 기대한다.
 보고 싶구나.

버락 오바마의 자서전을 읽고

2009년 1월 20일

오늘은 미국 대통령 버락 오바마의 자서전 중에서 몇 구절 골라 적는다.

1. 어머니는 내가 아는 사람들 중 가장 영적으로 각성한 사람이었다. 어머니는 천성적으로 인정과 자애, 사랑하는 마음이 가득한 사람이었다. 인생의 대부분을, 때로는 손해를 보면서까지 그런 마음을 베풀면서 살았다.

2. 어머니는 평생 경이에 찬 눈으로 생을 대했다. 어머니는 경건하리만치 삶에 대한 경외감으로 가득한 분이었다. 어쩌다 그림 한 점을 보거나 시 한 구절을 읽을 때, 음악을 들을 때 곧잘 어머니의 두 눈에 눈물이 가득 고이는 것을 볼 수 있었다. 내가 조금 자라자 어머니는 가끔 나를 한밤중에 깨워 유난히 눈부신 달을 바라보게 하거나 황혼녘에 함께 산책하면서 두 눈을 감고 바스락거리는 나뭇잎 소리에 귀를 기울이게 하곤 했다.

3. 어머니의 그런 정신은 아버지의 부재에도 불구하고 나를 지탱해 준 힘이 되었다.

   그뿐만 아니라 도처에 위험한 함정이 도사리고 있는 사춘기를 잘 보낼 수 있도록 나에게 힘을 불어넣어 주었다. 결국에는 내가 나아가야 할 길로 이끌어 준 힘이 되었던 것이다.

4. 내가 맹렬하게 야심을 쫓았던 것은 아버지 때문이었을지 모른다.

   아버지가 이룬 것과 이루지 못한 것이 무엇인지 알게 되면서 아버지의 사랑을 받고 싶다는 말 없는 욕구가 내면에 쌓이게 되었고, 아버지에 대한 원한과 분노가 나의 야심에 불을 질렀던 것이다.

5. 어머니의 기본적인 믿음은 내 야망이 이루어질 수 있도록 길을 열어주었다.

   나는 정치 철학을 공부하면서 공동체 건설과 정의를 실현하는 데 도움이 될 만한 논리와 실천 시스템을 다 같이 모색하고자 했는데, 이것은 어머니의 가치 기준에 부합하는 일이었다. 또한 나는 대학을 졸업한 뒤, 실직과 마약, 절망에 맞서 싸우고 있는 시카고 여러 교회를 지원하는 지역 사회 운동가로 일하기로 작정했는데, 이런 활동도 어머니에게서 물려받은 가치 기준을 어떻게 현실에 적용할지 모색하는 과정에서 비롯되었다.

6. 시카고 목사와 평신도들과 함께 일하면서 공직 생활을 하겠다는 결심을 굳히게 되었다.

그런 경험은 나 자신의 인종적 정체성을 강화시켜 주고 보통 사람이 비범한 일을 해낼 수 있다는 믿음을 확인시켜 주었다.

7. 아버지가 없는 집안에서 자랐다.

부모님이 내가 두 살 때 이혼한 탓으로 아버지에 대해서는 그 이후 가끔씩 보내주는 편지나 어머니와 외할머니, 외할아버지가 들려주는 이야기를 통해 알 뿐이었다. 내 주변에도 성인 남자들은 있었다. 4년 동안 함께 살았던 의붓아버지와 그 이후 외할머니와 함께 나를 키워준 외할아버지가 그들이었다. 두 분은 다 좋은 사람으로 나를 따뜻한 마음으로 대해 주었다. 그러나 이 두 분과의 관계는 부분적이고 불완전할 수밖에 없었다.

8. 내 삶의 중심을 잡아 준 사람은 여성들이었다.

다름 아닌 외할머니와 어머니인데, 외할머니는 실용적인 생활 태도를 끝까지 견지해 가계가 빚에 쪼들리는 일을 막았고, 어머니의 사랑과 맑고 깨끗한 정신은 누이동생과 내 삶의 중심이 되었다. 이 두 분 때문에 내 삶에서 뭔가 중요한 것이 결여되어 있다고 느낀 적이 한 번도 없었다.

9. 점차 나이가 들면서, 집안에 힘 있는 남자가 버텨주지 않는 상황에서 어머니와 외할머니가 우리를 키우느라 얼마나 힘이 들었을까 하는 점을 깨닫게 되었다.

  나는 또 아버지가 곁에 없다는 것이 어린이에게 어떤 상처를 남기는가를 알게 되었다. 자식을 나 몰라라 하는 생부의 무책임함과 의붓아버지의 서먹한 태도, 외할아버지의 실패와 좌절이 모두 나에게 생생한 교훈이 되었다. 그래서 내 자식들에게는 믿음직한 아버지가 되겠다고 결심했다.

– 버락 오바마, 《담대한 희망》에서

오바마 대통령의 성공과 현재를 있게 한 것이 어머니와 할머니 등 가족의 보살핌이었다는 고백에서 마음이 찡했단다. 생부의 무책임함과 의붓아버지의 서먹한 태도, 외할아버지의 실패와 좌절조차도 유년기 오바마에게 자극이 되었던 거지. 오바마는 매우 긍정적이고 의지가 출중한 청년이었던 거 같아. 결국 흑인이라는 불리한 조건을 극복하고 거대한 나라 미국의 대통령이 된 것이란다.

  아들들이 오바마 대통령의 자서전을 한 번쯤 읽으면 좋겠어. 가족의 지지와 사랑이 한 사람의 성장에 어떻게 영향을 미치는지 알게 될 거다. 너희들 뒤에도 이 아빠가 있다는 사실을 항상 잊지 말아라.

  사랑한다.

'오징어집' 과자 봉지를 보며

2009년 1월 27일

    둘째와 막내가 들락거리던 한 달이 지나고 집안이 조용해졌다. 아니 쓸쓸한 집안을 둘러보는 중이다. PC 앞에 막내가 먹다 남긴 스낵 '오징어집'과 주스 마시던 컵이 그대로 있네. 그 자리에 앉아 있던 막내 모습이 떠오르기도 한다.

    설날에 어른들만 모여 떡국을 먹으니 명절 분위기가 나지 않는구나. 첫째는 겨울에도 바삐 사느라 한국에 오지 못했으니 본 지 제법 오래되었다. 명절에 할아버지를 비롯한 가족들이 모두 한마디씩 첫째 얘기를 했단다. 멀리 떨어져 있지만, 너를 사랑하는 가족이 있다는 생각을 늘 잊지 말기 바란다.

    올해는 기축년 소띠해다. 첫째가 소띠로 24살이 되는구나. 12살 때 맞는 같은 띠의 해는 사춘기에 접어들어 성인의 시작을 의미하고, 24세에는 완전한 성인으로 독립체로서의 의미가 있다. 소띠인 85년생은 올해부터 삼재三災에서 벗어나므로 첫째에게도 좋은 일이 많이 생길 것으로 믿는다.

    멀리 미국에서 고생하며 열심히 자기 삶을 개척해 가는 너희들 노력에 찬사를 보낸다. 뜻하는 모든 일 다 이루기를 진심으로 바란다.

다이놀핀이라는 호르몬

2011년 1월에

새해가 시작되었구나.

올해는 즐거운 소식만 주고받을 수 있기를 소망해본다.

Psychophysiology심리 생리학는 Psychology와 Physiology의 합성어로 사람의 마음심리 상태에 따른 생리현상의 변화를 연구하는 학문이다. 예를 들어 여러 사람 앞에서 발표하기 전 긴장되어 가슴이 뛰는 현상, 사랑하는 사람과 손을 잡았을 때 땀이 나는 현상과 같은 것들이다. 거짓말 탐지기는 이런 현상을 이용한 측정 기기다. 인간은 본능적으로 거짓말을 하면 심장 박동 수가 증가하고, 땀이 난다. 이런 생리 작용을 바탕으로 거짓과 참을 가리는 것이다.

과거에는 생리현상을 심리학과 연관 지어 연구했으나, 최근에는 뇌 과학과 화학분석 기법 발달로 생리현상을 좌우하는 뇌의 기능과 뇌에서 분비되는 호르몬을 연구하는 단계에 이르러 이를 의학적으로 활용하고 있다.

통증을 완화하거나 마취가 필요할 때 식물에서 추출한 모르핀을 사용하지만, 모르핀보다 약 200배 강력한 엔도르핀 호르몬이 우리 몸 뇌하수체에서 분비되고 있다는 사실은 이미 다들 알고 있다. 이

엔도르핀은 뇌에서 자동으로 생성되는 것이 아니라 마음의 상태와 관계가 있다. 엔도르핀은 즐거운 마음, 유쾌한 생각, 적당한 운동, 행복감을 주는 마음 상태에서 자연 생성되어 몸을 건강하게 마음을 행복하게 만드는 작용을 하고, 약 5분 정도 지속되는 것으로 알려져 있다. 반면 불쾌하거나 우울한 경우 아드레날린이 과다 분비되어 병을 유발하거나 저항력이 저하되기도 한다.

최근에는 다이놀핀이라는 호르몬이 뇌에서 분비된다는 게 밝혀졌다. 다이놀핀은 통증 완화 효과가 엔도르핀의 약 4,000배에 이른다고 한다. 다이놀핀은 마음이 굉장한 감동을 받았을 때, 전혀 예상하지 못했던 진리를 깨달았을 때, 엄청난 사랑에 빠졌을 때, 타인을 위해 본인이 희생했을 때 등 인간만이 가질 수 있는 마음과 영혼이 움직였을 때 생성된다고 한다. 다이놀핀 효과는 몸의 면역체계에 강한 영향을 미치고, 정신을 안정시킨다.

올해에는 우리 모두 엔도르핀 생성을 넘어 다이놀핀 생성을 위해 함께 노력해 보자. 가족 간에 서로 감동을 주고받는 노력을 해보면 어떨까? 새해 목표로 말이다.

이동의 역사
2011년 2월 7일

 2011년을 맞이한 지도 벌써 한 달 하고 7일이 지났다. 연말연시의 느슨했던 마음을 다잡고 의미 있는 새해 출발을 위해 식구가 다 같이 국립중앙박물관을 찾아 실크로드와 둔황 석굴 그리고《왕오천축국전往五天竺國傳》에 관한 특별 기획전에 다녀왔다. 짧은 시간이었지만 1300여 년 전을 뒤돌아보는 시간이었다.
 《왕오천축국전》은 신라 시대 승려 혜초704~787가 고대 인도의 5개 나라 천축국을 답사한 후 727년에 쓴 책이다. 이 책은 1908년 프랑스의 동양학자 P. 펠리오에 의해 중국 북서 지방 간쑤성甘肅省, 둔황敦煌 천불동 석불에서 발견된 후 중국의 나옥진羅玉振이 출판하면서 세상에 알려졌다.

 우리나라 최초의 세계인으로 생각할 수 있는 신라 시대 승려 혜초는 15세에 경주에서 출발해 인도 5개 나라의 불교 성지를 여행하고자, 파미르고원을 거치는 실크로드를 따라 페르시아, 중앙아시아 등 2만km를 여행한다.
 인간이 이동을 계속하고자 하는 욕망은 생존본능이다. 이동현대에 와서는 여행, 이민, 유학을 통해 문화가 교류되고 유전적 진화를 계속할 수 있어 국가 또는 민족이 발전한다. 신라 시대 때도 이미 유럽에서 전해진 유물이 있는 것을 보면 실크로드를 통한 동서양 문화 교류가 얼마나 활발했는지 알 수 있다.

약 100만 년 전, 선사 시대 원시인이 아프리카를 떠나 지구 전체로 이동을 시작했다. 역사적으로는 월리족이나 훈족의 유럽 침공을 통해 동서양 교류가 시작되고, 몽골의 칭기즈칸 역시 이동을 통해 세계 역사를 바꾸어 놓은 인물이다. 현대에 와서는 콜럼버스가 아메리카 대륙을 발견함으로써 이동의 새로운 역사를 쓰기 시작했다.

이동의 역사는 우리 가족에게서도 보인다. 너희들 고조할아버지께서는 강화도에서 좋은 고등학교에 다니기 위해 서울로 이사하셨고, 100여 년 전에는 강화에서 서울로 걸어서 또는 배로 인천을 통해 다녔다. 이틀이 족히 걸렸으니 지금 서울에서 미국 가기보다 멀었다. 할아버지께서는 미국으로 유학을 떠나며 서양문화와 학문을 접하셨다. 계속되는 미국과의 인연이 너희에게 그대로 전해지고 있다는 생각이 드는구나.

너희의 미국 유학이 동서양의 학문과 문화가 만나는 계기가 되길 바란다. 양쪽 문화를 서로 융합해 새로운 창조의 발판으로 삼아라. 할아버지와 아빠, 아들들이 모두 유학을 했으니 이 또한 가족의 이동 역사구나. 유학이 그저 돈 잔치가 되어서는 안 된다. 늘 하는 말이지만 가진 자의 의무는 녹록지 않다. 유학할 수 있는 환경에 감사하고,

그만큼 사회를 위해 기여할 수 있는 사람이 되길 바란다.

특히 막내, 지난 학기 좋은 성적표를 보여주어 고맙다. 막내의 가능성에 박수를 보낸다. 국가와 세계사에 자취를 남길 수 있는, 위대한 이동의 역사를 한번 써 보렴!

건강하게 지내고, 사랑한다.

보리차를 끓이며
2011년 7월에

며칠 전 저녁에 마실 물을 끓이다 든 생각을 나누려 한다.

마시는 물이 무슨 맛이 있겠는가 생각하기 쉽지만, 가만히 보면 집집마다 물맛이 다 다르다. 최근에는 생수라 하여 포장된 맑은 물을 사서 마시기도 하고, 운동 삼아 건강을 생각하며 약수를 떠다가 마시기도 한다. 그래도 예부터 가정에서 끓이는 보리차가 위에도 좋고 맛도 구수하여 사람들에게 사랑받아 왔다.

보리차 맛도 음식 맛과 같이 끓이는 사람의 정성에 따라 다르구나. 아빠가 어릴 때, 할머니와 어머니께서 보리차를 끓이시며 계속 불을 살피던 모습이 떠오른다. 물과 보리의 비율, 불의 세기 등이 물맛을 결정하기 때문인데, 어릴 때 기억이지만 우리 집 물맛은 최고였다. 학교 갔다 와서 보리차 한 대접을 마시면 기운이 솟는 거 같았단다.

그래서 말이야, 우리 식구 마시는 물을 아빠가 직접 끓여야겠다는 생각이 들더구나. 이제부터 아빠가 보약 달이듯 정성껏 보리차를 끓일 생각이야. 겨울이 오면 너희들이 보리차를 마시러 오겠지…. 올 가을이 유난히 길게 느껴지겠구나.

집 안에 있는 물건 하나하나, 준비된 밥상, 현관문 여는 소리 등. 아들들 추억이 새겨지지 않은 게 없네. 보고 싶다.

쓰다 만 글이지만 보낸다.

부록

첫째의 편지

둘째의 편지

막내의 편지

아들아! 인생의 지혜를 배워라

첫째의 편지

　오랜만에 편지를 쓰게 되어서 기쁩니다.
　시간은 갈수록 더 빨라져서, 뵌 지가 벌써 반년이 넘었네요. 저희 결혼식이었던 작년 여름에 뵈었는데, 어느새 가을, 겨울이 지나고 봄이 오고 있네요. 오랜만에 온 가족이 모여 함께 보냈던 그 시간이 벌써 그립습니다. 어느 때보다도 행복했던 순간이었지요. 이 모두가 어머니, 아버지의 헌신과 사랑 덕분이라는 걸 잘 알고 있습니다. 감사드립니다.
　하루하루 지날 때마다 가족의 소중함을 더 깊이 느끼는 요즘입니다. 멀리 떨어져 있어서 자주 만나지 못하지만, 항상 아버지를 생각하며 살아가고 있습니다. 아버지께서는 언제나 제 뜻을 존중하고, 많은 것들을 가르쳐 주셨습니다. 아버지의 가르침은 제게 큰 힘이 되었고, 어려움을 겪을 때마다 다시 일어날 수 있게 했습니다. 아버지가 보내주신 편지는 언제나 따스했고, 아버지의 사랑은 제 인생의 원동력이었으며, 살아가는 데 큰 지침이 되었습니다.
　지금의 제 나이였을 때 아버지와 어머니를 생각해 보니, 저희 삼형제를 키우느라 얼마나 힘드셨을지 짐작할 수도 없습니다. 쉽지 않으셨을 텐데 멀리서도 항상 인자한 마음으로 저희를 돌보셨던 기억뿐입니다.

아버지의 아들로 태어나 지금껏 자라온 것 자체가 저에게 가장 큰 감사이자, 무엇과도 바꿀 수 없는 축복입니다. 앞으로는 아버지께 받은 사랑보다 제가 더 많이 사랑하고, 행복하게 해드릴 수 있기를 꿈꾸어 봅니다.

항상 건강하시기를 바라며, 곧 다시 만나기를 소망합니다.

둘째의 편지

아빠의 수많은 편지를 받고 이제야 답장을 드립니다.
어릴 때 부모님과 떨어져 유학하는 동안엔 부모님이나 가족의 소중함을 잘 몰랐던 거 같아요. 보통 사춘기 때는 가족보다 친구들과 노는 것이 더 재미있으니까요. 하지만 대학에 가고 성인이 되고 나서는 항상 가족을 제일 중요하게 생각하면서 살아왔어요.
어렸을 때부터 아빠가 저희에게 자주 편지를 보내셨던 게 제 가치관을 만들었다는 생각이 듭니다. 아빠의 편지를 읽으며 항상 감사함과 그리움을 같이 느꼈던 거 같아요. 그때도 아빠의 편지를 받으면 다 읽고 작은 상자에 차곡차곡 모아 놓았다가 한국에 올 때 들고 왔지요. 대학을 졸업하고 한국에서 엄마 아빠와 같이 살았던 때가 참 행복했어요.
그동안 아빠가 우리에게 보내주신 편지를 읽으면서 어릴 때의 삶이 머릿속에서 영화처럼 지나가요. 2000년에 우리 가족이 미국에 온 게 엊그제 같은데 벌써 24년이라는 시간이 지났네요. 어렸던 형, 저 그리고 동생 모두 장가도 가고, 아이들도 있습니다. 갈수록 시간은 참 빠르게 흐르고, 소중한 가족과 함께하는 시간도 짧다는 생각이 듭니다.
편지를 읽는 내내 저희를 위해 아빠가 얼마나 간절한 마음으로 쓰셨는지 짐작해 봅니다. 아이가 생기니 더욱 아빠 마음을 알 것 같아요. 아빠처럼 나도 내 아이들에게 그토록 오랫동안 편지를 쓸 수 있을까요? 얼마나 우리를 사랑하고 그리워하셨는지 편지를 읽을 때마다 느낍니다.

요즘 따라 부쩍 엄마 아빠가 보고 싶어요. 미국에 다시 온 지 8년이 넘었네요. 떨어져 지내는 시간이 점점 길어지는 만큼 더 그리운 거 같아요. 일 년에 한두 번 뵈면서 점점 나이 들어가시는 엄마 아빠를 보면 다시 한국에 돌아가고 싶은 마음도 생겨요. 미국에서 일하고, 아이들 키우는 것도 중요하지만, 엄마 아빠와 함께하는 시간도 제겐 소중하니까요. 시간이 흐른 뒤, 어쩌면 이 시기에 엄마 아빠와 함께 보내지 못한 것을 후회할 수도 있다는 생각이 들면 안타깝기도 합니다.

항상 사랑해요. 언제나 무한한 사랑을 주셔서 감사합니다.

막내의 편지

　낯선 미국 땅에서 외롭고 힘들 때마다, 기숙사 방의 불을 끄고 책상 불빛 아래서 보내주신 편지를 읽으며 집을 그리워했던 기억이 나요. 휴대폰으로 사진을 보낼 수 없던 시절이라 직접 인화해 보내주신 가족사진을 보며 부모님, 형들과 즐겁게 보내던 시간을 그리워하곤 했어요.

　편지를 읽으면서 아직도 기억나는 건 아버지의 깊은 믿음과 따뜻한 응원이었어요. 저에게 더 잘하라는 압박보다는 "잘하고 있으니 지금처럼만 하면 좋은 결과가 있을 거야"라는 메시지가 항상 힘이 되었어요. 아버지의 묵묵한 기다림과 믿음 덕분에 어려운 상황도 잘 이겨낼 수 있었던 것 같아요.

　대학 시험 준비와 타지에서의 어려움 속에서 아버지의 편지는 제게 큰 위로와 힘이 되었고, 외로움과 방황의 순간마다 제게 길잡이가 되어주었어요. 그 글자들을 따라가다 보니 원하던 대학에 입학해 있었고, 그걸 바탕으로 하여 잘 성장해 이제는 네 식구의 가장이 되었습니다.

　부모로서 자식들에게 해줄 수 있는 것은 참 다양하다고 생각해요. 그것이 금전적인 도움일 수도 있고, 사랑으로 보살피는 것일 수도 있으며, 친구 같은 존재가 될 수도 있지요.

돌이켜보면 저는 모든 부분에서 부족함 없이 자라왔다는 생각이 듭니다. 걱정 없이, 행복하게, 한없이 웃으며 유년기를 보냈어요. 원래 어렸을 때 기억은 여러 스냅샷으로 남아 있기 마련이잖아요. 어릴 적에 아버지가 저희 셋을 모아놓고 '덕선희' 동화를 들려주셨던 기억, 아버지의 수염을 만지며 잠들었던 기억, 미국에서 다 같이 공원에서 농구하고 스타벅스에서 카라멜 마끼아또를 나눠 마시던 기억, 가족 여행에서 맛있는 랍스터를 먹던 기억들로 가득해요. 이처럼 따뜻한 추억만 안겨 주셔서 정말 감사합니다. 이러한 사랑을 본받아 저도 행복한 가정을 이루겠습니다.

제가 좋아하는 김진호의 '가족사진'이라는 노래에 이런 가사가 있어요. "나를 꽃피우기 위해 거름이 되어버렸던/ 그을린 그 시간들을 내가 깨끗이 모아서/ 당신의 웃음꽃 피우길." 이 가사처럼, 아버지와 어머니 덕분에 제가 이렇게 바르게 성장했고, 제게 주신만큼, 아니 그 이상의 행복을 드리도록 노력하겠습니다.

그동안 너무 고생 많으셨어요. 언제나 감사하고, 사랑합니다. 늘 건강하시고, 웃음만 가득하시길 빕니다. 쭉 꽃길만 걸으실 일만 남았으니 기대하셔도 좋아요.

아들아!
인생의 지혜를 배워라

1. 다양한 사람들을 많이 사귀어 놓거라.
   사람들을 이해하는 데 큰 도움이 될 것이다.

2. 가족을 사랑하는 사람을 가까이해라.
   사랑받은 경험이 있는 사람은 다른 사람도 사랑할 줄 안다.

3. 중요한 결정을 내릴 때는 최소한 세 명에게 조언을 구하라.
   혹시라도 나의 편견이 판단을 그르칠 수도 있기 때문이다.

4. 약속 시간에 늦는 사람과는 어떤 일도 도모하지 말아라.
   시간 약속을 지키지 않는 사람은 다른 약속도 지키지 않을 확률이 높다.

5. 남의 말을 전하는 사람과는 가까이하지 말아라.
   그 사람은 나의 흉도 보고 다닐 것이다.

6. 상대방이 싫어하는 행동은 가급적 하지 말아라.
 일상의 사소한 행동이 갈등을 불러일으키는 것이다.

7. 좋은 책을 만나거든 주변에 널리 알리거라.
 너는 물론 주변 사람들이 함께 성장할 수 있는 지름길이다.

8. 문화와 예술을 사랑하는 사람들과 함께하라.
 건강하게 삶을 즐길 줄 아는 사람들과 함께하면, 너의 삶도 훨씬 풍성해질 것이다.

9. 주변 사람들에게 칭찬을 아끼지 말아라.
 칭찬을 받은 사람은 기대에 부응하기 위해 더 많이 노력할 것이다.

10. 오래 사용할 물건이라면 가능한 한 가장 좋은 것을 사거라.
 쉽게 버리지 않아 환경도 지키고, 결과적으로 절약하는 것이다.

아들에게 보내는 편지

ⓒ2024 권영하

초 판 1쇄 발행 2024년 5월 3일

지은이 권영하
펴낸이 정선모
디자인 가보경 이소윤

펴낸곳 도서출판 SUN
출판등록 제25100-2016-000022호
주　소 서울시 노원구 덕릉로 94길 21. 205-102
mobile　010. 5213. 0476
e-mail　44jsm@hanmail.net

ISBN 979-11-88270-77-4 (03810)
값 16,000원

• 잘못된 책은 바꿔 드립니다.
• 이 책의 전부 또는 일부 내용을 재사용하려면 사전에 저작권자와 도서출판SUN의 동의를 받아야 합니다.